LÉON DAUDET

LA GUERRE TOTALE

NOUVELLE LIBRAIRIE NATIONALE

11, RUE DE MÉDICIS, PARIS

12ᵉ mille

LA GUERRE TOTALE

DU MÊME AUTEUR

Ouvrages à 3 fr. 50

A LA NOUVELLE LIBRAIRIE NATIONALE

Une campagne d'Action Française.
L'Avant-Guerre.
Fantômes et Vivants, 1re série des *Souvenirs.*
Devant la Douleur, 2e — — —
L'Entre-deux-Guerres, 3e — — —
Salons et Journaux, 4e — — —
Hors du Joug allemand.
L'Hérédo.

CHEZ E. FASQUELLE

Germe et Poussière.
Hœrès.
L'Astre noir.
Les Morticoles.
Les Kamtchatka.
Les Idées en marche.
Le Voyage de Shakespeare.
Suzanne.
La Flamme et l'Ombre.
Sébastien Gouvès.
La Romance du temps présent.
La Déchéance.
Le Partage de l'Enfant.
Les Primaires.
La Lutte.
La Mésentente.
Le Lit de Procuste.
La Fausse Étoile.
Alphonse Daudet.

CHEZ A. FAYARD

Ceux qui montent.
La Vermine du Monde.

CHEZ E. FLAMMARION

La France en alarme.
Le Pays des Parlementeurs.
Le Cœur et l'Absence.
Le Bonheur d'être riche.

LÉON DAUDET

LA
GUERRE TOTALE

NOUVELLE LIBRAIRIE NATIONALE
11, RUE DE MÉDICIS, PARIS
MCMXVIII

Il a été tiré de cet ouvrage
cent exemplaires sur Vergé pur fil
des Papeteries Lafuma, à Voiron,
le papier portant en filigrane le monogramme
de la Nouvelle Librairie Nationale.
Ces exemplaires sont réimposés in-seize Soleil,
et numérotés à la presse.
Les exemplaires souscrits avant la mise en vente
portent le nom du souscripteur.

AU

LIEUTENANT GEORGES GRESSENT-VALOIS

COMBATTANT DE VERDUN

AUTEUR DU « CHEVAL DE TROIE »

Son admirateur et son ami,

LÉON DAUDET

LA GUERRE TOTALE

CHAPITRE PREMIER

CE QU'IL FAUT ENTENDRE PAR GUERRE TOTALE

Nous sommes dans la quatrième année de la guerre européenne et l'on peut dire que les nations de l'Entente, gardiennes de la civilisation, commencent seulement à comprendre le caractère de la lutte sans merci engagée contre elles par la barbarie allemande. Sans doute, n'est-il jamais trop tard pour bien faire, mais je pense que nous aurions déjà, depuis plusieurs mois la victoire, si la conception de la guerre *totale* — telle que nous la font les Allemands, et que nous devrions la leur faire — avait été admise, puis réalisée par nos gouvernements respectifs.

Ce sera le mérite de Clemenceau d'avoir, dans son discours réquisitoire au Sénat du 22 juillet 1917, fait entrer enfin cette conception dans le domaine public. Je rappelle sans orgueil, mais aussi sans fausse modestie, que je lutte pour elle dans *l'Action française*, depuis le commencement des hostilités. De même que pour *l'Avant-Guerre*, les événements m'ont donné raison. Je vais exposer la thèse et ses exemples, non en polémiste, mais en historien, soucieux d'une démonstration convaincante. Le journal convient à la polémique quotidienne. Au livre, la sérénité critique. D'ailleurs, au moment où j'écris, la preuve de ce que j'ai avancé et soutenu est faite presque sur tous les points.

Qu'est-ce que la guerre *totale*? C'est l'extension de la lutte, dans ses phases aiguës comme dans ses phases chroniques, aux domaines politique, économique, commercial, industriel, intellectuel, juridique et financier. Ce ne sont pas seulement les armées qui se battent, ce sont aussi les traditions, les institutions, les coutumes, les codes, les esprits et surtout les banques. L'Allemagne a mobilisé dans tous ces plans, sur tous ces points. Elle s'est livrée à un débordement de propagande, toujours acharnée, parfois intelligente, parfois stupide, rarement inutile. Elle a constamment cherché, au delà du front militaire, la désorganisation matérielle et morale du peuple qu'elle attaquait. Elle a poursuivi, pendant les hostilités, en l'intensifiant, son programme d'exploitation de l'espionnage et de la trahison, qui était celui de l'avant-guerre.

Prenons, par exemple, la Russie. Il appert aujourd'hui que le gouvernement allemand s'était ménagé des intelligences à la Cour, et dans les conseils du gouvernement — Stürmer et Protopopof — comme dans les hautes sphères militaires, comme dans les milieux révolutionnaires. La pénétration allemande antérieure à la guerre avait rendu cette tactique relativement aisée. Il y avait en Russie, dès le début, une germanisation par en haut, cherchant à compléter et à rejoindre une germanisation par en bas. Stürmer tendait les bras à Lénine. La défection russe n'a pas d'autre cause. Elle doit être, pour tous les alliés, un terrible enseignement.

La Russie n'est pas un pays d'ancienne unification comme la France. Elle n'a pas derrière elle des siècles de civilisation monarchique comme la France. Aussi l'ignorance de la nécessité de la guerre totale est-elle plus excusable et plus compréhensible de sa part que de la nôtre. Chez nous, les divers cabinets qui se sont succédé depuis le 3 août 1914, jusqu'à Clemenceau exclusivement, ont donné l'impression qu'ils considéraient la lutte actuelle comme un épisode plus ou moins rapide et tragique, après lequel les choses reprendraient leur cours normal. Un ministre âgé, académicien et qui devrait être expérimenté, a même pu exprimer à la Chambre cette idée fatale et dangereuse qu'il faudrait respecter après la guerre, « le libre développement économique de l'Allemagne ! » On sait où mène ce libre développement : à l'invasion et à l'occupation du territoire français. C'est là une erreur formidable et telle que celui qui l'énonce fait la preuve qu'il ne comprend absolument rien au conflit actuel. Je me suis frotté les yeux en lisant une telle déclaration et je me suis demandé : « Alors, à quoi auront servi tant d'héroïques sacrifices ? »... A laisser faire le barbare germain, à laisser passer ces incendiaires ! Funeste est le jargon du libéralisme, quand un grand peuple joue ses libertés et son avenir.

Quand on pense qu'à l'heure où j'écris, nos tribunaux français ne se sont pas encore mis d'accord sur la question de savoir s'il convient ou non d'accorder la capacité juridique à l'ennemi, de lui ouvrir l'accès de nos prétoires! Il s'est trouvé des juges pour défendre cette thèse insensée qui, admise, permettrait à un officier allemand de poursuivre chez nous le recouvrement d'une créance contre la veuve d'un militaire français tué à la guerre. « La fôôôrme, messieurs, la fôôôrme », bêlait Bridoison. Tout ce que la presse française compte de journalistes patriotes et raisonnables a protesté contre cette conception trop juridique, à coup sûr inhumaine, et dont les Allemands pourraient largement profiter. De pays à pays en guerre, les avantages légaux équivalent aux avantages militaires. MM. Godefroy et Tronquoy ne s'en étaient pas rendu compte. Mais comment le Garde des Sceaux d'alors ne sut-il pas leur faire entendre que l'état de guerre est quelque chose de différent de l'état de paix?

Sans la guerre totale, le blocus par lequel les nations alliées prétendaient à bon droit — du moins jusqu'à la défection russe — encercler et affamer l'Allemagne, n'était et ne pouvait être qu'un mot. Par les mailles relâchées de la non-surveillance administrative, policière et douanière, les objets de première et seconde nécessité parvenaient à la Germania en suffisance, sinon en abondance. Les neutres la ravitaillaient à qui mieux mieux, et elle trouvait jusque chez nous des complicités criminelles. Je ne veux alourdir cet exposé d'aucune documentation fatigante. Mais c'est par centaines que me parvenaient les lettres de dénonciation au sujet de telle ou telle personne qui faisait le commerce avec l'ennemi. Comment s'y reconnaître dans ce fatras? Même en faisant aussi large que possible la part de la médisance et de la forgerie, il est évident que l'Allemagne a tenu à peu près pendant trois ans et demi et que, si le blocus avait été strict, elle n'eût pas dû ni pu tenir plus de deux ans.

Ne m'objectez pas que la conception de la guerre courte est responsable de cette défaillance, que nous eussions agi autrement, si nous avions prévu la guerre longue et chronique. L'Allemagne aussi croyait à la guerre courte, à la campagne « fraîche et joyeuse ». Néanmoins, dès le printemps, elle a mené la guerre comme il faut la mener, *sur tous les plans;* ses mesures étaient prises de longue date pour l'offensive d'espionnage et de trahison derrière notre front. Sitôt après sa défaite de la Marne et la stabilisation de la lutte, elle s'efforça de les intensifier. Elle se dit que tout n'était pas perdu, qu'il fallait reprendre la tâche à pied d'œuvre et regagner patiemment une situation qu'avaient compromise, du 5 au 12 septembre 1914, le sort des armes et l'habileté de nos généraux.

Ici je suis forcé de supposer que vous avez lu *l'Avant-Guerre* ou suivi, depuis le coup d'Agadir, les campagnes de *l'Action Française*. En deux mots, à l'ouverture des hostilités, notre situation était telle : la majorité des parlementaires de la Chambre — c'est-à-dire de la fraction la plus agissante du Parlement — ne croyait pas à l'imminence, ni même à la possibilité de la guerre. Dans cette majorité même, s'était constitué, autour de M. Joseph Caillaux, ce que j'appelais le clan des Ya : un groupement de personnalités du monde politique, industriel et surtout financier, adonnées à la besogne ingrate et périlleuse du « rapprochement franco-allemand ». C'est à cette besogne que s'applique l'axiome célèbre : *Errare humanum est, perseverare diabolicum.* La leçon d'Agadir, venant après tant d'autres alertes savamment échelonnées depuis quarante-quatre ans, n'avait pas ouvert les yeux de ces messieurs, ni dissous leur pernicieux entêtement. Pernicieux n'est pas un terme excessif, car l'Allemand augmente ses prétentions à mesure qu'on lui cède davantage et le meilleur et le plus sûr moyen d'exciter son insatiable convoitise est de le laisser s'installer chez soi.

C'est à vous d'en sortir, vous qui parlez en maître.
La maison est à moi, je le ferai connaître.

C'est ainsi que la concession, en pleine paix, du port et de la mine de Diélette au métallurgiste Thyssen,

a été, j'en ai la conviction, pour beaucoup dans le changement d'attitude du Kaiser, noté au *Livre Jaune* par M. Cambon. Après la Normandie, pourquoi pas Paris?

Là où M. Caillaux et ses amis s'imaginaient amadouer l'ogre, ils l'appâtaient. Le prétendu rapprochement franco-allemand semblait aux Allemands le rapprochement du chat et de la souris. La France étant à portée de leurs mâchoires industrielle et militaire, ils comptaient n'en faire qu'une bouchée.

Quand on tenait un pareil langage, qui est celui du bon sens le plus plat, en 1912 et 1913, on passait, aux yeux des gens rassis, pour un énergumène ou un visionnaire. M. Caillaux, dont la femme n'avait pas encore tué Calmette — tragique pendant de l'affaire Victor Noir — passait, aux yeux des mêmes gens, pour un politicien avisé et qui avait trouvé le filon. Nul ne songeait à s'étonner des étranges fréquentations auxquelles il s'adonnait dès cette époque, et qui allaient de l'Allemand naturalisé Emil Ullmann, directeur du *Comptoir National d'Escompte de Paris*, au journal le *Gil Blas*, qu'administraient les « gebrüder Merzbach », banquiers franco-berlinois, au *Courrier Européen* dirigé par un certain Paix-Séailles, associé de l'Allemand Emmel, avec Vigo dit « Almereyda » comme secrétaire de la rédaction.

Si je cite ici le nom de M. Caillaux, ce n'est point pour accabler un accusé, c'est parce que ce nom est devenu un symbole. Il représente l'aboutissement d'une expérience politique de quelque vingt années — résumée par Maurras dans son admirable et prophétique ouvrage *Kiel et Tanger* — et qui nous a plutôt coûté cher. Les faits sont là. Jamais nous n'avons eu plus de prévenances pour le commerce allemand, l'industrie allemande, la finance allemande, l'art allemand que de 1909 à 1914. On voit le résultat. Non seulement le caillautisme ne nous a pas épargné les horreurs de la guerre et de l'invasion, — ce qui eût été sa seule raison d'être, sa seule excuse — mais il les a au contraire facilitées et précipitées. C'est ainsi qu'un faux point de vue au pouvoir peut engendrer les pires catastrophes. La méfiance de Madame Edmond Adam et de Paul Déroulède vis-à-vis de l'Allemagne, méfiance maintenue par *la Nouvelle Revue* et la Ligue des Patriotes, était l'attitude la moins onéreuse et qui en imposait à notre ennemie héréditaire. Que n'avons-nous su la conserver !

Les gens du clan des Ya, et ceux qui faisaient avant la guerre des affaires avec l'Allemagne, ne sont point tous *à priori* des scélérats. Ils étaient et demeurent des imprudents. Pour quelques-uns, du fait de la guerre, l'entêtement ou la cupidité, ou les deux réunis, ont fait que l'imprudence a tourné au crime. Ajoutons que l'Allemand est aussi naturellement maître-chanteur qu'espion et qu'il ne lâche pas aisément celui qui a signé un contrat avec lui. Compromettre pour conserver, telle est sa devise. Il s'y est conformé largement.

Représentons-nous ce qui s'est passé au moment de la déclaration de la guerre. Les Allemands étaient convaincus que leurs travaux d'approche et de pénétration, joints à leur supériorité militaire, les mèneraient à Paris en un mois. La conviction de leurs créatures était la même. Les uns et les autres comptaient qu'après quelques engagements d'avant-garde, ou même une bataille générale mais courte, en mettant les choses au pire, un traité de paix serait signé qui servirait ensuite de base, sans trop de tiraillements ni de rancune, au fameux rapprochement franco-allemand. L'enthousiasme de la population française, la science de Joffre, de Castelnau et de leurs seconds, l'intervention de la Providence — aide-toi, le Ciel t'aidera — sont venus jeter par terre cette hasardeuse combinaison. Nous sommes ainsi entrés, les uns et les autres, dans la guerre chronique. Nouvelle erreur des Allemands et de leurs créatures : le peuple français, trop impatient, ne saura pas tenir. Or, au contraire, ce peuple français tant calomnié, tant méconnu par lui-même — voir *Quand les Français ne s'aimaient pas* de Maurras — a magnifiquement tenu. C'est alors que s'est posée pour les Allemands la grosse question d'une campagne menée chez nous, par leurs créatures d'avant-guerre, pour la corruption et la destruction de notre bon moral ; des sommes considérables, plusieurs vingtaines de millions, ont été consacrées par gros paquets à cette œuvre souterraine, qui a atteint son maximum d'intensité d'avril à juin 1917. Mais, en somme, le coup a échoué et le bonheur de cet échec n'est pas moindre que celui de la victoire de la Marne. Il a échoué d'abord, parce que la clairvoyance est épidémique et contagieuse, comme l'aveuglement, ensuite parce que *l'Action Française* était là. Les Allemands ont joliment raison de nous haïr spécialement et de nous insulter nommément, mes amis et moi, dans leurs feuilles. Nous avons copieusement mérité leur fureur. Nous nous efforcerons de continuer à la mériter. Ces imbéciles ne comprennent pas qu'ils accroissent ainsi notre autorité auprès de nos compatriotes.

Je m'en vais, dans les pages qui suivent, vous montrer l'Allemagne à l'œuvre, chez nous, pendant la guerre, en arrière du front et notamment à Paris. « Mélodrame, cinéma, inventions romanesques », vont crier à la fois ceux qui ont des yeux pour ne pas voir et les gens plus ou moins compromis dans cette tragique aventure. Ces sottises maintenant ne portent plus. Des scandales récents et des inculpations retentissantes ont prouvé que les manœuvres de corruption allemande ne se passaient pas seulement dans les têtes des collaborateurs de *l'Action Française* et de l'auteur de *l'Avant-Guerre*. Des événements considérables ont prouvé jusqu'à l'évidence que ces manœuvres avaient eu leur répercussion en Russie, en Italie, en Roumanie, en Irlande, en Espagne, en Suisse, qu'il s'agissait d'un système général, appliqué méthodiquement, chez les adversaires comme chez les neutres. Ce système est aujourd'hui percé à jour, et tout porte à croire qu'il va être vigoureusement contrebattu. Tant mieux; car la persistance, sur ce point, de l'aveuglement et des errements des alliés a écarté d'eux jusqu'à présent une victoire que, par leurs sacrifices et leur vaillance, ils auront amplement méritée.

CHAPITRE II

QU'EST-CE QU'UN EMBOCHÉ ?

Un emboché — le nom l'indique — est celui qui, avant la guerre, subissait intellectuellement, moralement, financièrement, industriellement, commercialement, l'influence allemande, qui était lié à l'Allemagne par le sang familial, l'esprit ou l'intérêt. Il y avait, au 31 juillet 1914, des embochés dans tous les milieux et à tous les niveaux sociaux. Ils abondaient dans le monde, ainsi que dans le monde tout court. Je ne leur fais de leur attitude aucun reproche. Je constate seulement qu'ils se trompaient et qu'en les mettant en garde contre la perfidie du peuple allemand nous avions raison.

On pourrait former un recueil d'une terrible ironie, en réunissant les déclarations, tirades, développements, favorables à l'empereur et à l'emprise allemands, qui foisonnaient dans les journaux français d'avant-guerre. Pour beaucoup, la germanophilie était un snobisme. Pour d'autres, une dépendance de l'amour de la science, de l'organisation et de la méthode. Les visites et les renseignements que recevaient Guillaume II et son entourage flattaient ainsi leur vanité ethnique et leur laissaient croire que toute la France était à l'image de ces adulateurs. D'où surprise et mécontentement quand un événement politique quelconque, pierre de touche de l'opinion vraiment nationale, venait démontrer le contraire et faire tomber ces illusions. Elles reprenaient ensuite plus vivaces.

— Vous savez que Guillaume II a réellement beaucoup d'amitié pour nous. Les Allemands le lui reprochent assez. A la dernière tournée de tel théâtre parisien à Berlin, il n'a eu d'yeux que pour la petite une telle.

— Vous savez que Guillaume II rêve d'une entente industrielle avec les Français. Il en a parlé à un tel qui allait l'entretenir d'un projet de fusion d'usines en Normandie.

— Vous savez que Guillaume II a fait les honneurs de la revue à la mission française. Au déjeuner qui a suivi, il n'y en avait que pour les Français.

Vers 1905, j'avais écrit, dans *la Libre Parole*, un article intitulé « *Ceci tuera cela* », où je souhaitais à Guillaume II une mort cancéreuse semblable à celle de son auguste père. Ce fut, chez plusieurs de mes confrères, un *tolle*. Ernest Judet se signala par la vigueur de sa réprobation. Toucher à Guillaume II, quelle goujaterie! Un prince qui aimait tant Watteau et qui parlait l'argot de Paris. N'avait-il pas dit à une comtesse authentique : « Je m'en bats l'œil! » et sans accent. Comment suspecter les sentiments d'un pareil homme! Devant ce nouveau Frédéric II, il n'était pas un badaud à âme de chambellan qui ne se sentît un peu Voltaire. Cet engouement était d'ailleurs limité à quelques gens du monde, diplomates, journalistes et hauts financiers. La France véritable demeurait rétive et lisait les livres de Barrès consacrés aux « bastions de l'Est ». Bien que diffus dans la grande masse populaire, les souvenirs de 1870-1871 avaient encore de la force et de la persistance. On s'en rendit compte à la façon dont ils flambèrent au moment de la mobilisation. J'étais couché dans mon lit de Touraine avec une félure des os du crâne, conséquence d'une chute d'automobile, quand mon petit monde vint m'annoncer qu'à la gare d'Amboise les paysans et les paysannes distribuaient aux partants le vin, les fruits, le beurre, toutes les denrées à profusion. J'aurais sauté de joie. Cette prodigalité, chez une population d'une stricte économie, était le signe de l'enthousiasme et un présage de victoire. Cet emballement patriotique annonçait la Marne.

Au début, beaucoup d'embochés se frappaient carrément la poitrine en déclarant : « Je me suis trompé. Les Allemands sont des menteurs. Ils ne me prendront plus à leurs déclarations d'amitié. » Quelques-uns voulurent bien m'écrire qu'ils avaient méconnu mon travail *l'Avant-Guerre*, mais que le bien-fondé de mes avertissements leur apparaissait cette fois en pleine lumière. Je n'en tirai nulle vanité. D'autres refoulèrent momentanément leur erreur et leur déception, mais ils en conservèrent de la rancœur contre ceux qui avaient vu juste et ils ne devaient pas tarder à la leur montrer. C'est très humain. Celui qui s'est trompé pardonne malaisément à celui qui a eu raison.

Il eût fallu à certains embochés un véritable héroïsme pour brûler carrément ce qu'ils avaient adoré et supporter l'idée d'une guerre totale : je veux parler de ceux qui, fuyant la menace de l'impôt sur le revenu ou pour toute autre raison, avaient des capitaux et des intérêts en Allemagne, ou joints à des capitaux et à des intérêts allemands. Ces embochés n° 1, fréquents dans les milieux politico-financiers et assez fréquents dans les salons, étaient tantôt des Français authentiques, tantôt des Français plus ou moins mâtinés de turc, de suisse, d'espagnol, de russe et d'américain du Sud, tantôt des Allemands naturalisés de longue date, ou des fils d'Allemands naturalisés. J'ai expliqué ailleurs (*Avant-Guerre*, *Hors du Joug allemand*) ce qu'était cette naturalisation à la Delbrück, je n'y reviens pas. Le plus grand journal officieux de la République, *le Temps*, l'a découverte deux ans et demi après moi.

Ces embochés n° 1 constituaient le terrain douteux, sinon suspect, où l'Allemagne, grâce à la prolongation de la guerre, planta quelques-uns de ses jalons, et recruta ce que *la Gazette de Francfort* appelait euphémiquement « des personnes recommandables ». Leur rôle fut désastreux pour nous et divers.

Les uns, chez qui le sentiment patriotique ou d'hospitalité française était complètement rongé par la germanophilie, acceptèrent de servir ici de correspondants ou de garde-meubles, ou de briseurs de séquestres à leurs anciens compères allemands.

Parmi ceux-là, les pires, ou les plus fascinés par l'Allemagne, allèrent jusqu'à l'aider dans sa longue lutte contre le blocus allié, qui va de la déclaration de guerre de l'Angleterre à la déclaration de guerre de l'Amérique. Il est indéniable qu'il y ait eu en France, pendant trois ans de guerre, un vaste système de ravitaillement de l'ennemi. Un des plus importants agents de ce système, le sieur Théodore Mante, de Marseille, a été démasqué, jugé et condamné.

D'autres, n'osant mettre la main à la pâte, cherchèrent un biais pour manifester quand même leur sympathie à l'abominable envahisseur. Ce fut le clan des anti-anglais, des dénigreurs de l'Angleterre, qui répandirent, au début de la coopération, des bruits les plus abominables, les plus perfides et les plus faux. Les mêmes, plus tard, renonçant à jeter la zizanie entre l'Angleterre et la France, recommencèrent, contre la participation américaine, leur campagne de calomnie. Le type achevé de ces entreprises criminelles est la série d'articles signés « M. Badin » dans *le Bonnet*

Rouge. Mais le thème a été repris maintes fois par d'autres feuilles défaitistes ou semi-défaitistes, sous une forme, il est vrai, plus dissimulée.

La propagande orale antinationale, ou anti-anglaise, a été très employée au cours de la guerre. C'est une forme d'ensemencement de l'imagination publique particulière et où les embochés sont passés maîtres. Le mot d'ordre part en général d'une maison de commerce à succursales multiples, ou d'un établissement de banque, ou d'un salon. Quelquefois il circule seul, quelquefois il est accompagné d'un petit tract, qu'on passe sous le manteau, ou d'une anecdote mensongère. Ainsi que dans le jeu du furet, la rapidité de la diffusion est extraordinaire. Rappelons-nous, en août et septembre 1914, ce qu'on appela la rumeur infâme, le bruit absurde et scélérat : « Ce sont les nobles et les curés qui voulaient la guerre et qui l'ont faite. » Un peu plus tard on raconta que les Anglais ne se battaient pas, qu'ils étaient tous employés dans des services d'intendance, qu'ils ne songeaient à rien d'autre qu'à leur thé. A un autre moment, il fut affirmé que les soldats annamites tiraient, dans les rues de Paris, sur les femmes et sur les enfants. Je ne prends ici que les racontars les plus niais et les plus notoires. Il y en eut d'autres, plus venimeux et plus habiles, réservés aux milieux plus relevés. Je suis arrivé à cette certitude qu'il n'y avait pas plus de cinq ou six officines de ces rumeurs déprimantes, officines reliées entre elles par un même intérêt, qui était et qui est l'intérêt allemand. Elles se heurtaient au solide bon sens de la race française et aussi à son horreur de l'appréhension. Le mot d'un peuple à la fois brave et impressionnable tel que le nôtre, et qui se méfie de son impressionnabilité, est en temps de crise : « Nous verrons bien. »

— Mais si les Allemands marchent de nouveau sur Paris?

— Nous verrons bien.

— Mais il est impossible de les percer.

— Nous verrons bien.

— Mais, dans six mois, ce sera la disette.

— Nous verrons bien.

— Mais, avec la disette, ce sera l'émeute, le massacre, l'incendie, la rage, la peste et les sept fléaux.

— Nous verrons bien.

Il y eut des histoires admirables : une très bonne Française était en visite chez une dame qui a un certain rang social, qui s'occupe d'art, et qui, niaiserie ou embochage, déclarait froidement que les soldats français étaient des goujats et les soldats allemands de petits saints : « Ils n'ont pas touché à mes bibelots, ni à ma cave. » La bonne Française prend la mouche à ce récit scandaleux, se lève et déclare qu'elle va dénoncer un tel langage, si révoltant, au Préfet de police. Fureur et invectives de la dame artiste. Malheureusement le Préfet de Police était un pauvre homme, du nom de Laurent, complètement endormi dans les bras de la Sûreté générale, elle-même sous la coupe d'agents de l'ennemi. Ainsi la démarche n'eut aucun résultat. Il m'aurait assez plu de voir la défaitiste mondaine saboulée d'importance en cette occasion par un agent de l'autorité. Je crois même que, ministre, je l'eusse envoyée à la Santé, pendant quelques jours, méditer sur les propos inconsidérés du temps de guerre. Une millionnaire, qui démoralise les autres dans son salon, m'apparaît comme plus coupable qu'une pauvre institutrice grisée par les mirages humanitaires d'avant-guerre. Je ne suis, fichtre, pas démocrate, mais j'ai en moi cette fibre populaire qui est d'ailleurs celle du bon sens. Impitoyable aux grands, indulgent aux petits, telle est ma devise, et je désirerais ne pas mourir sans avoir eu l'occasion de l'appliquer une bonne fois.

Puisque nous en sommes au Préfet Laurent, il faut que je vous raconte que j'eus avec lui une entrevue, précisément au sujet des embochés et agents allemands à Paris. A ce moment, *l'Action Française* lançait un feuilleton de moi intitulé *La Vermine du Monde,* qui était une illustration romancée de *l'Avant-Guerre* et que m'avait demandé notre ami René Theeten, faisant fonction d'administrateur. Jeanniot, le grand artiste et l'admirable patriote que l'on sait, avait dessiné à cette occasion une belle affiche, où l'on voyait un poilu en uniforme sauter à la gorge de personnages boches, mâles et femelles, qui s'enfuyaient en hurlant. La veille du jour où l'on devait coller l'affiche, coup de téléphone : « M. le Préfet de police désire parler à M. Daudet au sujet de l'affiche, qui est inadmissible. » Un quart d'heure après, je montais le grand escalier de la Tour Pointue et j'étais aussitôt introduit dans le cabinet de M. Laurent. Je trouvai un brave bonhomme à moustaches, rouge, somnolent qui jouait avec un énorme coupe papier d'ivoire derrière une table chargée de paperasses. A côté de lui un monsieur mince, brun et pâle de visage, se tenait comme une bonne d'enfant près de la voiture où dort son gosse. Le Préfet me présenta ce tiers, qui était son chef de cabinet : « Monsieur Maunoury ». Je savais que ce Maunoury était l'ami intime de Malvy, ministre de l'Intérieur, de Vigo, dit Almereyda, directeur du *Bonnet Rouge*, et qu'il avait joué un rôle plus que bizarre, en opposition avec le général Clergerie, dans l'affaire de l'espion et escroc Garfunkel dit « le docteur Georges ». Aussi j'esquissai un salut très bref et m'adressai aussitôt à Laurent, le priant de me dire ce qui l'avait si fort scandalisé dans mon affiche.

Le bonhomme fit un geste vague, en soulevant une paupière lourde et bouffie. Ce fut « Monsieur Maunoury » qui me répondit : « C'est une affiche de coup d'État. Ce n'est pas le soldat qui arrête les espions en France, c'est le gardien de la paix. » Il ajouta : « Autre inconvenance : votre Allemand est décoré de la Légion d'honneur. C'est une insulte à l'Ordre. » J'avais bonne envie de jeter à cet imprudent ce seul mot, qui l'eût fait rentrer sous terre : « Garfunkel » ; mais je me contins et fis remarquer posément à Laurent que l'Allemand Emil Ullmann, du *Comptoir Na-*

tional d'Escompte de Paris — je l'en ai fait chasser depuis lors — était décoré de la Légion d'honneur. J'en citai dix autres à sa suite. J'ajoutai que, les gardiens de la paix étant parfois soldats, rien n'empêchait de penser que le poilu de Jeanniot avait servi antérieurement sous les ordres du Préfet de police. De quoi Laurent demeura interloqué. Quant à « Monsieur Maunoury », il était rentré dans son cabinet, contigu à celui de son vieux nourrisson, mais j'apercevais son pied verni, demeuré en travers de la porte, et le lobe irrité de son oreille droite.

Soupirant comme un qui vient d'échapper à une remontrance, M. Laurent me conta alors que les gouvernantes allemandes lui avaient donné, au commencement de la guerre, bien du tintouin : « Chaque « fraülein » était si recommandée ! Je me rappelle une nommée Frida... »

A ce mot, « Monsieur Maunoury » réapparut : « Monsieur le Préfet, c'est le moment de la signature. »

Le pauvre esclave en effet tombait mal et je devais connaître, par la suite, l'extraordinaire odyssée de Frida Lippmann, la recommandée du ministre Malvy. Je pris congé du Préfet et de son étonnant chef de cabinet, en me promettant de scruter à fond le rôle de « Monsieur Maunoury ». Je devais y faire plus d'une découverte.

Quelques mois auparavant, j'avais, à la demande de nos lecteurs et amis, organisé à la salle de Géographie, boulevard Saint-Germain, une série de conférences sur l'espionnage allemand en France, avant et pendant la guerre. La première eut lieu devant une assistance très nombreuse. Mais, la veille de la seconde, l'aimable M. Duranton, commissaire aux délégations judiciaires, vint en personne me faire savoir que son maître Malvy m'interdisait de donner mes autres conférences. Comme je m'informais de la raison d'une aussi effarante mesure, il me fut répondu qu'il n'y en avait pas d'autre que la volonté du Seigneur Malvy. Sembat a, depuis, affirmé que ce fut là l'origine de mes premiers soupçons concernant l'inamovible ministre de l'Intérieur. Pas tout à fait l'origine. Les détails qui m'étaient parvenus sur la conduite de Malvy pendant l'exode du gouvernement à Bordeaux — septembre 1914 — avaient déjà mis ma curiosité et ma méfiance en éveil. Néanmoins, Sembat a raison en ceci qu'à partir de là je me creusai la tête et je me mis en campagne pour découvrir le lien qui attachait si paradoxalement Malvy à la défense et protection des intérêts allemands. Je n'ai pas d'amour-propre d'auteur, mais j'ai l'habitude d'observer et cet obstacle stupéfiant, dressé devant mon désir d'être utile au pays en guerre, m'intriguait. J'ai cherché avec persévérance. J'ai trouvé.

Un directeur de journal est mieux placé qu'un juge d'instruction pour mener une enquête sur des faits aussi ténébreux et recouverts que le sont en général ceux de l'espionnage et de la trahison. Le juge d'instruction doit aller à la recherche des témoignages et des révélations. Le directeur de journal les voit affluer. Le succès considérable de *l'Avant-Guerre* (cinquante mille exemplaires actuellement partis de chez notre admirable et cher ami Georges Valois, combattant sous Verdun, directeur de la *Nouvelle Librairie nationale*), m'avait mis en relations avec tous les dénicheurs et pisteurs de Boches et d'affaires boches de France. La guerre amplifie encore ce public de collaborateurs lucides et passionnés. Ce sont eux qui m'ont fourni les armes dont j'ai usé contre les ennemis de l'intérieur. Je les en remercie, une fois de plus, bien sincèrement.

Je commençai, suivant le précepte de Bacon, par dresser un tableau des principaux Allemands établis en France à la veille de la guerre, avec, en regard, la liste des hommes politiques, hommes d'affaires ou gens du monde français associés à leurs intérêts, et par conséquent à leur pénétration. En effet, tout grand financier ou industriel allemand — Thyssen, Rathenau, Thurnauer, Ballin, Jellineck, Heinemann, Salomonsohn, etc., — qui jetait son jalon chez nous, commençait par s'assurer l'appui de plusieurs politiciens ou journalistes de la majorité et d'un nombre presque égal de salonnards. Il récompensait les uns et les autres à l'aide des jetons de présence de ses innombrables sociétés par actions, à l'aide aussi de la publicité financière que l'Allemagne a toujours largement distribuée. Ce tableau me prouva que trois cents personnes environ, toujours les mêmes, avaient accaparé, en France, la participation aux fructueuses opérations de l'ennemi héréditaire. Il s'agissait de savoir ce que ces embochés étaient devenus depuis l'ouverture des hostilités, s'ils avaient abandonné ou non, ou interrompu seulement des négociations parfaitement licites jusqu'au 3 août 1914, criminelles à partir de là.

Le résultat de mon enquête fut qu'une faible proportion d'embochés avaient répudié la compromission allemande, qu'un grand nombre d'autres s'étaient réservés, étaient demeurés dans une prudente expectative, qu'un quart à peu près avaient maintenu, malgré la guerre, leurs relations plus ou moins secrètes ou discrètes, avec l'ennemi. Ces derniers semblaient protégés par une puissante et mystérieuse influence, qui les mettait à l'abri des enquêtes de police, de toute surveillance d'État et de la juste persécution des tribunaux. Ils étaient littéralement tabous. En effet, chacun d'eux avait été l'objet d'un grand nombre de dénonciations circonstanciées, dues à la vigilance des bons citoyens. Dénonciations parfois anonymes — on pouvait, en ce cas, n'en pas tenir compte — le plus souvent nominales et signées, ou orales et pertinentes, portées devant des commissaires de police, ou adressées aux magistrats compétents, dans les formes requises. Non seulement ces communications si louables n'avaient jamais eu pour les suspects la moindre suite fâcheuse, mais encore elles avaient valu à leurs auteurs des réprimandes ou des brimades incompréhensibles. La protection étendue sur les naturalisés douteux et leurs créatures allait jusqu'à châtier leurs patriotiques dénonciateurs. Cela me sembla de plus en plus louche.

L'existence ou le fonctionnement de la censure compliquait encore une besogne que je jugeais cependant indispensable à l'heureuse issue de la grande lutte. En effet, d'une part, la censure de presse est nécessaire en temps de guerre et aucun journal, plus que *l'Action Française*, n'a réclamé dès le début et soutenu ensuite cette salubre institution. Mais, par ailleurs, les embochés tentaient, par mille voies détournées, d'employer la censure à la sauvegarde de leurs intérêts et à l'entravement de ma campagne. Il en résultait une lutte de tous les jours, où mes collaborateurs dépensaient beaucoup de salive téléphonique et d'ingéniosité. Bien souvent j'ai dû laisser entendre, là où il eût convenu de parler haut et ferme. On jugera des difficultés de ma tâche quand on se rappellera que Malvy a été ministre, tout-puissant ministre, depuis le premier jour de la guerre jusqu'à la fin de l'été de 1917, qu'il avait au-dessus de lui Caillaux, au-dessous de lui le peuple de fonctionnaires de la haute police et que, pour tout ce monde-là, j'étais très exactement l'empêcheur de bocher en rond. J'avoue que, par moments, j'ai frémi en considérant la pyramide d'obstacles dressés devant moi et la difficulté d'aboutir vite, alors que chaque heure représentait des centaines et des centaines de vies humaines. C'est la sainte colère, la colère rentrée, froide, certaine du but à atteindre, qui m'a soutenu, ainsi que la vision, toujours présente, de tant de sacrifices rendus vains par le complot des Boches et embochés de l'arrière. J'ai prié, j'ai écrit, j'ai agi, et la Providence a voulu qu'à l'autre bout du champ politique un homme qui n'était ni de notre génération, ni de notre formation intellectuelle, et, par nous souvent combattu, que le vieux républicain radical Clemenceau ressentît violemment, lui aussi, la nécessité d'en finir avec la trahison occulte et de venger les morts par surcroît.

CHAPITRE III

LA DISSOCIATION INTÉRIEURE

Un neutre, revenant récemment d'Allemagne, où il avait été à même de rencontrer diverses personnes du monde officiel, nous rapportait le propos suivant, tenu dans l'entourage de l'Empereur : « En somme, celui de nos efforts qui a le plus rendu depuis le début, c'est la dissociation intérieure chez nos ennemis.

— Comment cela?

— Eh! oui, le travail de désorganisation politique et sociale mené par nos agents. Nous avons obtenu ainsi l'effondrement de la Russie et la percée du front italien. En France, il est vrai, nous avons échoué, à cause de la campagne de *l'Action Française* et de l'arrivée aux affaires de Clemenceau. Mais nous tenterons encore le coup en Amérique. »

L'univers non allemand est prévenu. C'est

sur ses manœuvres à l'arrière des fronts de bataille que compte surtout l'ennemi du genre humain. Il faut retenir cette expression fort exacte de « dissociation intérieure ». Nous avions commencé à en apercevoir les premiers symptômes chez nous, entre mars et juillet 1917, non seulement dans la zone de l'arrière, mais encore dans celle des armées. Le bon sens national et le patriotisme réagirent aussitôt vivement, et de cette réaction datent les premières mesures prises contre l'espionnage et la trahison. Si notre inertie à leur égard avait duré quelques mois de plus, nous étions irrémédiablement perdus.

Le premier instrument de la dissociation intérieure, telle que l'a conçue et réalisée l'Allemagne, c'est l'argent. Avec cet argent, l'Allemagne achète et corrompt un certain nombre de personnalités politiques, financières et mondaines appartenant aux nations à dissocier. Ces personnalités en groupent d'autres, d'un niveau social moins relevé, lesquelles réunissent et payent à leur tour des hommes de main, recrutés parmi la pègre et la tourbe de la population indigène et allogène. L'opération est évidemment d'autant plus aisée et rapide que la surveillance descend à la nullité, ou mieux à la complicité avec l'ennemi ; le danger de l'opération pour ceux aux dépens de qui elle s'exerce est alors au maximum.

Dès la fin de l'année 1914, l'Allemagne avait constitué les énormes dépôts de fonds — une centaine de millions au minimum — destinés à agir en France. Je ne m'occuperai ici que de ceux-là, laissant aux autres nations de l'Entente, à l'Angleterre, à l'Italie, à l'Amérique, le soin de faire de leur côté le même travail que j'ai fait pour mon pays.

Le premier de ces dépôts était confié à un conseiller privé de Guillaume II, du nom de Ernst Schmid, homme de paille de l'Empereur dans quelques-unes de ses opérations industrielles et agricoles en Amérique et au Canada, membre du comité central de la Société internationale à succursales multiples *Maggi*. On sait que cette branche de la société a la fourniture exclusive des armées allemandes, une maison à Berlin et une autre à Singen dans le grand-duché de Bade. A peu de distance de cette dernière, se trouve l'établissement de Kemptall en Suisse.

Un second dépôt était confié au Syndicat des banques de Mannheim, lequel avait constitué, avant la guerre, en France, deux affaires principales : l'une, en voie de prospérité, les automobiles *Benz;* l'autre, en voie de formation, la *Société des bains de mer de San Stefano.* Il s'agissait de créer, à quelques kilomètres de Constantinople, sur la mer de Marmara, une concurrence à la fameuse *Société des bains de mer de Monaco.* Un financier ténébreux du nom de Schkaff avait lancé cette dernière affaire chez nous.

Un troisième dépôt était confié à un banquier du nom de Rosenberg, opérant en Suisse, associé à un nommé Bettelheim. Celui-là célèbre par sa gallophobie, avait crié : « Vive l'Allemagne... à bas la France ! » en pleine Bourse de Paris, le 1er août 1914. Le même cri, chose remarquable, avait été poussé, au même moment, devant la caverne des Jeux de Monaco, par le fils de l'Allemand qui dirigeait alors cet établissement, un nommé Wicht.

Un quatrième dépôt était confié au fameux diplomate prince de Bülow, connu par sa rouerie à l'allemande et ses intrigues en Italie. Sa femme est Italienne et passait, avec la Lichnowska, femme de l'ambassadeur boche en Angleterre, pour un des meilleurs agents de Guillaume II.

Un cinquième dépôt était confié à un aventurier du nom de Bolo, dit Bolo Pacha.

Un sixième au vieux prince de Hohenlohe, dit Hohenlohe Œringen, né en 1848, et qui a joué, pendant la guerre de 1914, un rôle analogue à celui d'Henckel de Donnersmarck pendant la guerre de 1870. Cet Hohenlohe est un vieux beau de la septantaine, très répandu dans le monde de la galanterie, sur la Côte d'Azur comme à Paris, et qui s'est beaucoup servi des femmes du demi-monde pour le transport, sinon pour la distribution, de sa sportule boche.

Je ne parle que des groupements de fonds connus. Il en est certainement d'autres, sur lesquels il a été jusqu'à présent impossible d'avoir des précisions. Néanmoins, ceux que je viens de citer étaient sans doute les plus importants. Ils étaient destinés :

D'abord à acheter une partie de la Presse française. Les Allemands avaient notamment jeté leur dévolu sur *le Journal*, à l'aide du fonds Hohenlohe, distribué par Lenoir et Desouches. Des circonstances demeurées obscures firent que Bolo racheta *le Journal*, libérant ainsi le fonds Hohenlohe qui prit une autre destination.

J'étudierai en détail l'affaire dite « du *Bonnet*

Rouge », qui combine une action de presse avec une action plus étendue et encore plus redoutable.

Ensuite ces fonds étaient destinés à acheter des hommes politiques influents. Je n'insiste pas. Les noms sont sur toutes les lèvres.

Enfin à organiser des mouvements de révolte et, si faire se pouvait, des séditions, des mutineries et des émeutes, par une série de manœuvres concertées, que le sénateur Henry Bérenger a très heureusement baptisées « manœuvres défaitistes ». Provoquer la rupture de l'Entente, principalement de la France avec l'Angleterre, l'Italie, puis l'Amérique, a été, depuis le début de la guerre, un des grands buts allemands et l'Allemagne n'a ménagé pour l'atteindre ni son or, ni son activité, ni son entregent.

Comme il s'agissait d'aller vite, les distributeurs de la sportule allemande s'adressèrent de préférence à des personnes qui leur appartenaient dès avant la guerre, dont ils connaissaient les tenants et les aboutissants. Tel fut le cas de Gaston Routier, journaliste assez connu, qui avait publié un volume plus que louche sur le fameux voyage de la mère de Guillaume II à Paris, à l'occasion d'une exposition de peinture, et les événements qui avaient suivi. Gaston Routier, ex-rédacteur au *Petit Journal*, avait fait plusieurs séjours à Berlin, rencontré un certain nombre d'hommes politiques allemands, donné l'impression d'un besogneux à vendre. Nos ennemis l'achetèrent et le chargèrent de contrecarrer la propagande de l'Entente en Espagne, en compagnie du trop célèbre Max Nordau, auteur de *Dégénérescence* et d'une demi-douzaine d'autres compilations véhémentes mais illisibles. Le mal que firent, en unissant leurs efforts, ce traître et cet espion est incalculable. Pendant les deux premières années de la guerre, Routier, qui avait conservé des attaches en France, y venait fréquemment et s'y livrait à la besogne défaitiste que l'on imagine. La troisième, il s'enhardit et sollicita des capitaux de Ratibor, ambassadeur boche à Madrid, pour la fondation d'un *Journal de la Paix* dont on devine le but et les tendances. Ratibor fit demander à Berlin, par commissionnaire, des instructions, qui furent d'accepter. La feuille infâme allait paraître. Malheureusement pour Routier, sa manœuvre et son rôle furent éventés par la colonie française de Madrid, qui s'émut, réunit des preuves et envoya finalement une retentissante protestation au journal *El Liberal*, dirigé par Gomez Carrillo. Je reproduisis cette protestation dans *l'Action Française*. Une enquête, rapidement menée, avait fourni sur le cas de Gaston Routier des précisions écrasantes. Néanmoins, alors que le scandale avait éclaté à Madrid au début d'avril 1917, ce ne fut que le 29 juin de la même année que les services de la Sûreté générale se décidèrent à signifier mollement l'arrestation de Routier aux commissaires de frontière. Le misérable, dûment averti, n'eut désormais garde de rentrer en France et de se faire pincer. La chose est regrettable, car Routier n'est pas un isolé. Il serait affilié à une bande, qui a des ramifications à Barcelone, à Saint-Sébastien, à Lérida, à Carthagène, laquelle bande a favorisé tant qu'elle a pu les incursions des sous-marins allemands en Méditerranée et aussi le trafic des armes et des explosifs. J'ai été mis, par le plus grand des hasards, sur la piste de ce trafic clandestin, qui doit continuer encore à l'heure où j'écris, et j'ai communiqué tous mes renseignements à l'autorité militaire, seule qualifiée pour agir efficacement.

Autre vibrion de presse à la solde de l'Allemagne, l'anarchiste Henri Guilbeaux, né à

Verviers, fondateur en Suisse, pendant la guerre, de la revue germanophile *Demain*. Le ton et les campagnes de *Demain* rappellent à s'y méprendre ceux de la *Gazette des Ardennes*, journal publié par les hordes ennemies à Charleville, en territoire occupé. Même tour hypocritement apitoyé sur l'aveuglement des Français « dupes de la perfide Angleterre », même exaltation de la force et de la bonté allemandes (!), mêmes mensonges feutrés et papelards, même adultération constante des faits et des opinions. Il fallut néanmoins un certain temps pour que l'on se décidât à interdire la pénétration de *Demain* en France et, même alors, Guilbeaux continua à faire la navette entre Genève et Paris sous le nom d'André Le Faivre! Autour de cet agent des Boches gravitaient un certain nombre de chenapans et d'illuminés; parmi ces derniers, un ancien prix Nobel du nom de Romain Rolland, auteur d'un *Jean-Christophe*, platement pastiché de Jean-Paul Richter, d'une *Vie de Beethoven* assez réussie et d'un *Au-dessus de la Mêlée*, dont le titre seul indique les tendances. Bien que Guilbeaux ait été le secrétaire de Romain Rolland, on peut considérer que c'est le premier qui a influencé le second et l'a entraîné à sa détestable besogne. Mais par son tour d'esprit, par sa fausse vision des choses et des êtres, par la fadeur même de son style ampoulé, Romain Rolland était plus qu'aux trois quarts emboché d'avance. Il serait à souhaiter qu'après la guerre il se fît naturaliser Allemand et rejoignît ainsi ses affinités véritables.

Les organes allemands de langue allemande, tels que le *Berliner Tageblatt* ou la *Gazette de Francfort*, donnent une bonne idée, en temps de guerre, de la brutalité, de l'orgueil, de ce que Maurras appelle « l'hubris » des Allemands. Mais si l'on veut connaître cette fourberie à gros traits, proche de la mystification et prompte à la fureur, qui est celle des Germains, il faut lire attentivement leurs organes de langue française, la *Gazette des Ardennes* et *Demain*. Sous la plume servile des renégats à leur solde, ils donnent la mesure de cette hypocrisie aux pieds de plomb, au masque de saindoux, à la chevelure en plâtre, aux yeux globuleux et inexpressifs, qui est le prototype de leurs amours. C'est reflété dans la trahison qu'ils sont le plus conformes à eux-mêmes et leurs apologistes sportulaires sont complètement imprégnés de leurs âmes envieuses et sordides. Car s'il est quelque chose de pire que l'Allemand en rage, c'est l'Allemand gracieux, séducteur et conciliant. Tout plutôt que son sourire, son compliment et sa main tendue !

« Chéri, ouvre la bouche et ferme les yeux », disait la douce Gretchen à son amant.

Comme il obéissait, déjà béat à l'idée de quelque friandise, Gretchen lui glissa le canon du revolver entre les dents et lui fit sauter la cervelle.

D'autres que Guilbeaux et Routier ont accompli, plus sournoisement, la même criminelle besogne. Néanmoins, tout compte fait, les Allemands n'ont pas trouvé, dans la presse française, les complicités qu'ils escomptaient et qu'entravait, d'autre part, l'institution de la censure. Sauf l'exception du *Bonnet Rouge*, leur effort de dissociation intérieure, dans cet ordre d'idées, a dû se borner aux tracts, feuilles volantes, publications clandestines, dont ils ont fait, sans grand résultat, une véritable débauche. Leur déconvenue a été grande et l'on a prétendu qu'ils l'avaient fait payer à Bolo Pacha — coupable à leurs yeux de ne pas leur en avoir donné pour leur argent — en le brûlant de leurs propres mains. Cela n'est pas sûr. Une des règles fondamentales de leur action, à l'arrière des lignes de leurs adversaires, est de toujours couvrir leurs associés, de ne les abandonner qu'au pied du poteau d'exécution. Peut-être se sont-ils départis de cette règle vis-à-vis de Bolo.

La presse n'est pas l'unique moyen de dissociation intérieure. Il y a la propagande orale et le renseignement. J'ai examiné déjà le premier point, je n'y reviens pas. Le renseignement peut être d'ordre économique, financier, politique, diplomatique ou militaire. Hommes et femmes sont également capables de le fournir. Il ne vaut que par un certain nombre de recoupements, ce qui explique la grande quantité de neutres et de naturalisés attelés à cette même besogne, périlleuse quand elle est découverte.

Je ne crains pas d'affirmer que nous avons eu chez nous, depuis le début des hostilités, des centaines d'observateurs et de notateurs à la solde de l'Allemagne. Millerand l'avait compris, quand il édicta la célèbre affiche : « Taisez-vous, méfiez-vous, les oreilles ennemies vous écoutent. » Mieux eût valu, cependant, prendre tout de suite, contre ces indiscrets, les précautions élémentaires qui consistent :

1° A ne faire aucune exception pour aucun Allemand, Autrichien, Turc ou Bulgare naturalisé ; à expulser ou à envoyer aux camps de concentration tout sujet ennemi, homme ou femme, même et surtout naturalisé.

2° A n'accorder de permis de séjour aux neutres qu'après enquête sérieuse et de façon précaire, avec radiation toujours possible. L'application de ces deux mesures, dont l'Allemagne nous donnait l'exemple, eût rendu fort difficile la besogne chez nous des indicateurs à la solde de l'ennemi.

J'ai montré, au cours de *l'Avant-Guerre*, comment l'Allemagne, dans les dernières années de la paix, avait organisé chez nous, avec l'agence Schimmelpfeng, un véritable office de renseignements de toute catégorie sur les immeubles, les industries, les exploitations agricoles, les biens et les personnes. Il n'est pas douteux que des émissaires cachés, et souvent assez mal dissimulés, aient continué, pendant les hostilités, à tenir ces fiches à jour méthodiquement. On aurait pu, si on avait voulu, rendre ce commerce impossible. On ne l'a pas fait et la conséquence a été que, jusqu'à l'entrée en scène de l'Amérique, le blocus fut pour ainsi dire inexistant. Admirablement renseigné sur nos ressources, l'ennemi a fait venir, par la Suisse, un grand nombre de matières premières et les aliments qui lui manquaient.

Le ravitaillement criminel devint chez nous une industrie florissante, au nez et à la barbe d'une administration qui fermait pudiquement les yeux et réservait toutes ses sévérités aux dénonciateurs. Cependant, si l'on avait su jouer du blocus, les empires centraux eussent mis les pouces au bout de dix-huit mois de privations indicibles et de souffrances. Il aurait suffi, pour cela, de frapper de châtiments impitoyables, allant jusqu'à la confiscation et jusqu'à la mort, les misérables briseurs de blocus.

Un fait témoignera des intelligences maintenues chez nous par l'ennemi. Il est arrivé plusieurs fois que de nos compatriotes, habitant des territoires occupés, dans le Nord, par exemple, corrompaient ou amadouaient les autorités allemandes et obtenaient d'elles qu'on s'informât de la santé de tel ou tel parent résidant en Auvergne, ou en Périgord, ou en Provence, gravement malade. Ces autorités faisaient le nécessaire et avaient, dans les dix jours, une réponse reconnue exacte, Comment cela eût-il été possible sans des correspondants à l'affût? En d'autres circonstances, une Lilloise demandait à aller retrouver sa mère infirme à la campagne, aux environs de Paris. La Kommandantur répondait : « Si vous dites vrai, madame, nous le saurons et vous aurez votre passeport. » Deux semaines après : « Votre mère va mieux, madame. Elle n'a donc pas besoin de votre présence. » C'était exact.

Les Allemands, pour leurs paiements de guerre comme pour leurs espions, emploient volontiers le double ou le triple masque superposé. Bolo recevait ses fonds d'une banque de New-York, maison mère d'une banque du Canada, qui les recevait elle-même de la Deutsche Bank. Wilhelm se fait naturaliser Suisse, puis, de Suisse, Anglais ou Américain, et revient tranquillement s'installer en France sous le nom de Will. Le Boche collectionne aisément trois ou quatre nationalités, dont il change comme de chemise, selon ses besoins. Il applique cette transformation frégolique aux sociétés par actions. Les « Kohlen » de Westphalie deviennent les *Charbons et Briquettes* de Marseille. Krupp se mue en Hollandais de Poorter, lequel devient lui-même *Société Française des Mines de Fer*. Allez donc vous y reconnaître dans ce dédale ! L'histoire des séquestres, et surtout celle des non-séquestres de la grande guerre, sont pleines d'erreurs et de duperies tenant à l'ignorance de nos juges quant aux stratagèmes du commerce et de l'industrie germaniques. Notez que, quand on connaît ces ruses à emboîtement, on les déjoue avec la plus grande facilité. Il ne me faut pas plus d'une heure, quand j'ai les actes notariés entre les mains, pour déceler une origine ou un apport de capitaux boches, même à travers les personnes interposées. D'abord certaines gens ont la spécialité de ces manigances et leurs noms, tout de suite, me mettent en garde. Ensuite le procédé de superposition ou de substitution ne varie guère ; il n'y a que deux ressorts, toujours les mêmes, à faire jouer.

Les femmes interlopes, ou demi-interlopes, ont été largement employées par l'ennemi. C'est un des côtés ténébreux de la guerre, ainsi que l'action dissolvante de certains salons internationaux. J'aurais là-dessus de quoi écrire un volume, mais des raisons que chacun comprendra s'y opposent. La certitude, en ces matières, est rare, et il n'est pas possible d'accuser ni même de désigner sans certitude. Pour une affaire Mata Hari, où l'autorité militaire a eu toutes les preuves entre les mains, combien d'autres où il a fallu laisser en liberté, sous une surveillance illusoire, des coupables assez habiles pour ne pas fournir de traces écrites, pour ne pas faire de démarches trop ouvertement compromettantes !

Le travail de dissociation opéré par l'ennemi chez nous a procédé par poussées périodiques, à la façon des offensives militaires. Ces poussées coïncidaient d'ailleurs avec des manœuvres à grande envergure des généraux allemands, et cherchaient en quelque sorte à les compléter. Cela s'est vu au moment de l'attaque sur Verdun (février, mars 1916), au moment de la débâcle roumaine, au moment de notre offensive d'avril 1917. Soudainement, et sans qu'on pût déceler leur point de départ, des rumeurs alarmantes se répandaient à travers Paris. Des personnes, soi-disant bien renseignées, annonçaient en France la disette imminente, le succès irrésistible des torpillages sous-marins, la mise en marche de zeppelins formidables, armés d'explosifs d'une puissance inouïe, la fatigue ou le découragement des nôtres sur tel ou tel point du front, la dépression de la finance de l'Entente. Ces personnes tenaient ces affligeantes nouvelles d'autres personnes demeurées mystérieuses, mais dont l'autorité était donnée comme indiscutable. On reconnaissait là le procédé habituel aux gens de Bourse, qui préparent une campagne à la baisse. Le système des « blancs » instauré par la censure, — alors que celui des directions et interdictions préalables eût été bien préférable — permettait aux défaitistes de soutenir que tel ou tel échoppage correspondait à tel ou tel de leurs atroces ragots. Il en résultait, pendant quelques heures, un flottement, vite corrigé par le bon sens et la fermeté du peuple français, le plus spontanément intrépide de la terre, flottement néanmoins profitable à l'envahisseur.

En même temps, certaines feuilles suspectes ou douteuses, d'un ton violent, doctrinaire ou pseudo-humoristique, menaient campagne contre les écrivains et journalistes patriotes, tels que Maurras, Barrès, Capus, Donnay, Berthoulat, Bailby, etc., les accusant de « bourrer les crânes » selon le terme consacré, et de faire de nos chances de succès un tableau trop optimiste, de nos combattants et de nos alliés un éloge trop continu. C'était, à les entendre, « insulter nos soldats » et abaisser leurs caractères, d'un renoncement stoïque et conscient. Je me suis souvent demandé avec stupeur à quel obscur dessein correspondaient ces bizarres reproches. Que des adversaires politiques s'attaquent à un polémiste comme votre serviteur, qui ne les ménage pas, le cas échéant, rien de mieux. Que des emhochés me traitent de tous les noms d'animaux possibles, me vilipendent et me menacent du matin au soir, je n'y vois aucun inconvénient et je trouve même cela logique et comique. Mais qu'un homme comme Maurice Barrès, qui s'est consacré depuis le commencement de la guerre, et uniquement, à l'apologie des héros et à la peinture sincère, entraînante et émouvante de leurs sacrifices, qu'un tel homme soit vilipendé et injurié par des compatriotes, voilà qui me passe et ne me paraît pas très clair. Il en est de même quand je vois attaquer Maurras et sa *Part du Combattant*; car s'il est une initiative qui devrait rallier tous les suffrages et ceux mêmes des révolutionnaires, c'est bien celle-là. De sorte que l'élimination successive de toutes les interprétations plausibles de telles agressions me ramène à la fâcheuse hypothèse énoncée plus haut. Il n'y a pas que des agents directs de l'ennemi, dans une crise aussi complexe que la crise actuelle. Il y a aussi des influences par les agents de l'ennemi, qui se croient très malins et très spirituels en obéissant à des directives dont ils ne discernent point, ou ne veulent point discerner la perversité.

Qui donc a dit que, quand les choses se gâtent, les imbéciles et les poltrons forment l'arrière-garde des coquins?

Les Allemands ont montré qu'ils attachaient une grande importance à ce qu'ils ont appelé justement « l'armée française de la plume ». Les détracteurs systématiques de cette armée ne peuvent faire que le jeu des Allemands. Ce sont eux les pires bourreurs de crânes. Ils les bourrent avec de l'étoupe boche. Quelques-uns agissent ainsi par snobisme, pour montrer à tous qu'à travers la tempête de fer et de feu, ils ont gardé leur liberté d'esprit, le pouvoir d'admirer Kant, Fichte, Gœthe et Wagner, sans compter Virchow, Wundt et Weismann, et de les mettre au-dessus de leurs compatriotes similaires. D'autres suivent des impulsions rancunières et des instincts rageurs qui les portent, selon la règle spinozienne, à étendre à tout un groupe la haine qu'ils portent à quelques personnes. Rien n'est sot comme une telle extension d'un cas individuel à une collectivité. Les amis de nos ennemis, que diable, ne sont pas forcément nos ennemis.

CHAPITRE IV

DEUX TENDANCES CONTRAIRES

Presque immédiatement après la publication de l'ultimatum de l'Autriche à la Serbie — qui devait mettre le feu aux poudres — il fut visible que deux tendances contraires allaient se heurter chez nous, quant à la guerre inévitable :

La première était la réaction solide, ancestrale, saine et vigoureuse du peuple français, animé du désir de la victoire, de la confiance dans les chefs, et qui a fait le succès de la mobilisation, puis, cinq semaines plus tard, le triomphe de la Marne.

La seconde était une attitude timorée et résignée de vaincus, reliquat de la défaite de 1870-1871, aggravée par les doctrines de Kant et de Rousseau, dominantes dans le monde officiel : la guerre imposée, purement défensive; la guerre, devoir morne et cas de conscience; la guerre honteuse d'elle-même, la guerre sans héros, sorte de corvée sacrificielle et obscure, limitée aux soldats, environnée de la réprobation des civils.

Cette deuxième attitude, exploitée par les embochés et le clan des Ya, nous a valu, pour commencer, une imprudence : l'abandon initial de 10 kilomètres de territoire, tout le long de la frontière franco-allemande, comme preuve de notre volonté de non-agression. Résultat : la perte immédiate de territoires d'une valeur stratégique incalculable. Plus tard elle a servi, cette attitude, de terrain favorable aux tentatives de dissociation intérieure de l'ennemi, elle a amené la crise dangereuse du printemps de 1917. Elle a indubitablement prolongé les hostilités, par la crainte et l'arrêt rapide des offensives à grande envergure. Elle nous a fait un mal infini. Au bout de trois ans et demi de cette conception fausse, nous commençons seulement à la secouer. Mais il faut examiner les choses de plus près.

A la déclaration de guerre, 3 août 1914, la politique s'est tue en France et les dissensions entre citoyens d'opinions différentes ont instantanément disparu. Ce fut l'âge d'or de l'union sacrée. Cela ne veut pas dire que les germanophiles, que les divers personnages intéressés aux affaires allemandes, faisant partie de sociétés allemandes, disparurent comme par enchantement de la circulation. Mais convaincus de la supériorité de l'Allemagne et de sa facile victoire en cinq semaines, ils jugèrent plus prudent de se terrer et d'attendre les événements. Les Chambres étaient fermées. La présidence de la République était occupée par un Lorrain patriote. Le sort du pays tout entier se trouvait entre les mains des grands chefs militaires, qui surent travailler de concert à son salut, avec une entente admirable. L'exode des ministres pour Bordeaux, exode d'ailleurs légitime et nécessité par les circonstances, remit la police intérieure de Paris et de la région du camp retranché, pour quelques semaines, aux mains du gouvernement militaire lequel sut, avec le général Galliéni, être à la hauteur de sa tâche.

Il importe de nommer les trois artisans du nettoyage immédiat et préalable, qui rendit possible la victoire de la Marne en paralysant et décourageant les nombreux suspects. Ce furent : le général Clergerie, chef d'état-major général de la place de Paris, le commandant

Baudier, du deuxième bureau, et le lieutenant-colonel Bourdeau. Dans l'exercice de leurs difficiles et délicates fonctions, ces trois hommes montrèrent une fermeté et une clairvoyance qui rendirent vaines les préparations du grand état-major allemand. Mais, en raison même de leur implacable vigilance, ils se trouvèrent heurter très vite la tendance contraire, momentanément réfrénée, qui était de ménager les intérêts ennemis, dans la personne des agents allemands des deux sexes et de laisser une porte de communication, voire de conversation, ouverte entre les belligérants.

On connaît la théorie énoncée dans le *Contrat social*, reprise plus tard par Emmanuel Kant : les États sont en guerre, non les citoyens de ces États. La guerre existe entre deux armées, délégations de ces États. Elle ne s'étend pas à l'élément civil. Il appartenait d'ailleurs à Fichte de renverser ce principe kantien avec le dogme de l'allemanité maîtresse des destinées du monde. Voir *Discours à la nation allemande.* Mais de nombreux politiciens français professaient encore en août 1914, avant et même après Charleroi, cette limitation exclusive de la guerre aux opérations militaires. C'est sur cette absurde doctrine que s'appuyèrent les agents de l'ennemi et les germanophiles entêtés pour combattre âprement, scandaleusement, toutes les mesures de guerre totale, par lesquelles seules nous pouvions obtenir l'écroulement rapide de la puissance germanique.

Cette doctrine, meurtrière au point de vue national, servit de paravent à tous les membres du clan des Ya. Elle fut savamment exploitée par Caillaux et mise en œuvre au ministère de l'Intérieur, avec méthode, par son second, Malvy. Pendant trois ans, à quelques rares exceptions près, la police civile opposa une résistance opiniâtre à toutes les dénonciations des patriotes, à tous leurs légitimes efforts pour nettoyer le sol du pays. En quelques mois, la tâche admirable du général Clergerie, du commandant Baudier, du lieutenant-colonel Bourdeau fut entravée, puis anéantie. Nous offrîmes le spectacle paradoxal d'une nation saignée aux quatre membres par un bandit — l'empire allemand — dont elle ménageait l'établissement d'avant-guerre et les positions financières chez nous. Bien mieux, la censure reçut l'ordre de ne laisser passer que quelques rares plaintes relatives à un pareil état de choses, sans qu'il fût permis d'en rechercher les motifs profonds, ni les vraies responsabilités. Je m'entends encore téléphonant au bureau de ladite censure, qui m'interdisait de mettre en cause je ne sais quel agent boche : « Mais enfin, craignez-vous que je ne vous cause des difficultés diplomatiques avec l'ambassadeur allemand à Paris ? » On aurait dit qu'en pleine tuerie, accompagnée de gaz asphyxiants, subsistait un pacte mystérieux, d'après lequel tout ce qui n'était pas la tuerie elle-même, tout ce qui se passait en dehors de la zone des combats, était considéré comme neutralisé.

Tendance fâcheuse, pour ne pas dire plus, qui exposait les âmes cupides aux tentations de l'or allemand, — venu de Suisse, d'Espagne, ou, jusqu'à l'intervention américaine, de l'Amérique, — qui décourageait et énervait les bonnes volontés de l'arrière, qui encourageait l'ennemi à persévérer dans des exactions impunies et lui laissait escompter notre lassitude. Les Berlinois et les Viennois répétaient, par manière de plaisanterie, que ceux d'entre eux qui redoutaient la disette n'avaient qu'à venir faire une saison à Paris comme Polonais, comme Suisses ou comme Tchèques. Ils disaient aussi : « Soit, nous ne sommes pas entrés en corps à *Papylone*. Qu'importe, si nous y entrons tous individuellement ! » Leurs journaux de caricatures affirmaient que nous ne pouvions nous passer de leur présence et de leurs capacités, même pendant les hostilités. Que serait-ce après ! Dans les camps de prisonniers allemands, plusieurs gardes-chiourmes déclaraient à nos compatriotes : « J'habitais chez vous à Paris, au Havre, à Marseille, à Lyon, telle rue, tel numéro. Si j'avais su que la situation resterait tenable comme pour tel ou tel, ainsi serais-je resté. »

Cependant plus la guerre se prolongeait, plus les morts, les souffrances, les déportations dans les départements du Nord occupés se multipliaient, et plus aussi la haine pour l'immonde envahisseur grandissait. La haine est comme l'amour. A petite dose, elle aveugle et abêtit, mais à haute dose elle rend lucide. Facile au début, la manœuvre des germanophiles impénitents, des embochés et des partisans de la thèse Rousseau et de la paix à tout prix devenait de jour en jour plus difficile. En dépit de la censure particulière à Caillaux et à Malvy, des cas saisissants — tels celui de Théodore Mante de Marseille, celui du docteur Lombard et de l'indicateur espion Garfunkel — excitaient la curiosité du grand public, suscitaient ou corroboraient ses soupçons. Par ailleurs, les soldats qui venaient en permission se plaignaient, ainsi que leurs chefs, du nombre excessif des personnages suspects que l'on voyait circuler dans les lignes, munis de laissez-passer, de permis d'espionner en bonne et due forme. Tant de négligence finissait par ressembler étrangement à une volonté préconçue de ne prendre aucune mesure de défense contre la sixième arme, la pire de toutes, celle de l'espionnage.

Signalé, dès 1911, comme un spécialiste de la question, à cause de mes études dans *l'Action Française* et de mon livre *l'Avant-Guerre*, j'avais les doléances conjuguées des civils et des militaires, leurs renseignements se recoupaient. Bientôt, par le fait du mécontentement grandissant, je reçus les confidences irritées des services mêmes chargés de sévir, auxquels il était interdit de sévir. A part quelques brebis galeuses, gagnées de longue date à la thèse Rousseau ou corrompues par l'ambiance, les contacts et le mauvais exemple d'en haut, l'immense majorité des policiers français souffrait de son inaction et des consignes antinationales qu'elle recevait. Certains possédaient d'excellents dossiers de suspects, des signalements détaillés et précis, dont ils n'avaient pas l'emploi. Ils me les communiquèrent. J'eus ainsi, textes en mains, la preuve absolue que l'Inexplicable — ainsi désignai-je, à cause de la censure, — la collaboration Caillaux-Malvy, péchait par entêtement, non par ignorance, puisque dossiers et signalements venaient précisément des services de la Sûreté générale (ministère de l'Intérieur) et de la Préfecture de police. Les petits fonctionnaires me fournissaient ainsi la preuve accablante de l'inertie délibérée de leurs patrons et aussi de quelque chose de plus. Car il était impossible d'expliquer décemment comment des ultra-suspects pouvaient bénéficier, en territoire français et en temps de guerre, de passeports établis sous de faux noms et à l'aide de faux états civils !

Je ne sais plus quel est le journaliste marron qui avait inventé le terme « d'espionnite » pour désigner, en la raillant, la tendance à signaler et combattre les agents de l'ennemi. Celui-là peut se vanter d'avoir rendu service à l'Allemagne. Chaque fois qu'un honnête Français ou une brave Française allait se plaindre, dans un commissariat, du maintien à Paris de quelque personnage suspect, on lui riait au nez et on lui répétait « espionnite ». J'étais peint moi-même, dans les feuilles *ad hoc*, comme une sorte de maboul, persécuté par la phobie des suppôts boches. Or, je vous prie de croire que rien n'est plus éloigné de ma nature psychologique et de mon tempérament qu'une telle humeur. Si quelqu'un « ne s'en fait pas » pour les niaiseries des incompétents, ou pour les injures et les menaces venues de l'adversaire, c'est bien moi. Mais j'estime que, dans la guerre actuelle, chacun doit rendre à son pays les services qu'il est susceptible de lui rendre. C'est ce qui explique ma campagne longue, pénible, semée d'écueils et de pièges, de procès, de réclamations et de fâcheries de toutes sortes, mais que j'ai menée et que je mène allégrement, parce qu'il y va du salut commun. Cet état d'esprit est d'ailleurs celui de tous mes collaborateurs, du plus grand au plus petit, et nous nous estimons suffisamment récompensés quand un ennemi sournois de la France est démasqué, coffré et châtié.

J'avais toujours pensé, même dans la plus mauvaise période du caillautisme et du malvysme, que la pression redoutable de la guerre finirait par donner raison à nos efforts à un moment donné. Il me semblait impossible que la tendance Rousseau continuât longtemps à l'emporter sur la tendance nationale et que les patriotes eussent toujours tort. D'ailleurs certains résultats, obtenus contre vent et marée, me donnaient confiance dans la suite des événements.

C'est ainsi qu'à la suite de mes articles, poursuivis pendant quatorze mois, au risque de lasser et bassiner mes lecteurs, l'Allemand naturalisé Emil Ullmann, grand ami de Caillaux, qu'il avait fait entrer au Conseil d'administration du *Crédit Foncier Argentin* et lui-même directeur du *Comptoir National d'Escompte de Paris*, avait dû quitter cet établissement financier. C'était une réelle victoire, car Ullmann était une puissance de Bourse, environné d'une nuée de sportulaires, disposant d'un budget de publicité considérable, d'un bureau de la presse omnipotent. Son influence se faisait sentir dans la diplomatie et dans la politique. On racontait sous le manteau, car il était fort redouté, qu'il avait joué un rôle de premier plan au moment de l'affaire d'Agadir, qu'il était ici le porte-parole d'Heinemann, de la *Deutsche Bank*, et de Salomonsohn de la *Disconto*. Quand je commençai à le mettre en cause, ce fut un déchaînement de tous les petits journaux financiers qui vivent des miettes de ce genre de personnages. Les collègues très chics et ronflants d'Emil Ullmann au *Comptoir d'Escompte* flétrirent solennellement mes « calomnies abominables » et déclarèrent qu'ils se solidarisaient avec leur ami, qu'ils ne se sépareraient jamais de lui, qu'ils réfléchissaient aux mesures à prendre pour arrêter une campagne nuisible au crédit public, etc., etc. En même temps, on me déléguait des messieurs très bien, chargés d'intervenir et d'intercéder pour cet Allemand, naturalisé de longue date et devenu « extrêmement Français ». Je connais ça. Si, ayant commencé d'empoigner un Allemand de finance, vous avez la sottise de vous laisser attendrir, aussitôt les mêmes qui sont venus vous implorer déclarent finalement ou laissent entendre qu'ils ont fait « le nécessaire », en bon français, qu'ils ont acheté votre silence. Je n'avais donc qu'une chose à faire : continuer. Je continuai. Quelques bons Français, notamment le comte de Reilhac, en procès de longue date avec Ullmann, M. Manchez, du *Temps*, et quelques autres me donnèrent un sérieux coup de main. Le public s'émut. Les gens commencèrent à retirer leurs fonds en dépôt au *Comp-*

toir d'Escompte. Il fallut céder. On céda en deux temps : 1er *temps :* Emil Ullmann abandonnait la direction ; 2e *temps :* Emil Ullmann abandonnait le conseil d'administration. Même chose pour la *Banque de l'Indo-Chine*.

Un peu plus tard, un ami et protégé d'Ullmann, le Marseillais Théodore Mante, faisant partie d'un grand nombre de sociétés commerciales, industrielles et financières, se faisait pincer en flagrant délit de commerce avec l'ennemi. Quelle affaire ! En dépit de ses innombrables relations et de ses hautes protections dans tous les mondes, Théodore Mante avait la déveine de tomber sur un magistrat à la fois ferme et sagace, le procureur général Delrieu, de la Cour d'Aix en Provence, qui lui allongeait, en premier jugement, un de ces attendus dont un emboché ne se relève pas. Théodore Mante, à mon avis, eût mérité la peine capitale, car plus le coupable est élevé dans la hiérarchie sociale, plus son châtiment doit être exemplaire. Il s'en tira, après trois condamnations, à trois degrés de la juridiction, avec une forte amende et la privation, pendant dix ans, de ses droits civils. C'était donné. La veille de sa condamnation définitive, on me télégraphiait encore de Marseille qu'il serait certainement acquitté! Il fallut ensuite plusieurs semaines pour le faire rayer de la Légion d'honneur et pour faire débaptiser un transport qui arborait son nom déshonoré.

Moins gros gibier qu'Ullmann, Théodore Mante n'en était pas moins un type représentatif d'agent de l'ennemi par cupidité. En voyant que ses millions ne l'avaient point protégé, plusieurs de ses émules tremblèrent dans leur peau et mirent un frein à leur bochisme. C'est que l'exemple venu d'en haut a du bon. Pour l'édification de tous, je reproduis ici l'attendu mémorable du jugement de la Cour d'Aix du 30 juin 1916, lequel mit fin à ces exercices antifrançais :

Attendu que Mante a fait tous ses efforts pour maintenir à la Société (des cokes, charbons et briquettes de Marseille) *ses tendances et son caractère allemands; que son conseil d'administration était composé d'Allemands, que la plupart de ses agents et employés étaient, eux aussi, d'origine allemande, qu'il leur offrait, aux frais de la Société, des réjouissances variées, et ne manquait pas de les convier aux fêtes allemandes pour exalter le Kaiser et acclamer l'Allemagne plus grande...*

Inutile d'ajouter le moindre commentaire.

Si je ne m'en étais mêlé, le fabricant de jouets Kratz, Allemand authentique, dit « Kratz-Boussac », serait encore aujourd'hui maire de Douville-sur-Andelle, dans l'Eure, en dépit des protestations de ses administrés. Il ne fut révoqué que le 26 décembre 1915, à la suite de mes véhémentes protestations. Il avait été nommé chevalier de la Légion d'honneur. Il était entré par alliance dans la famille d'un sénateur, ancien garde des sceaux. C'était un homme important et considéré.

On croit rêver quand on lit la liste des nombreuses sociétés françaises dont faisaient partie avant la guerre Ernst Thurnauer, né en 1862 à Burgdunstadt (Bavière), ayant la plupart de ses parents dans les armées allemandes et autrichiennes, allié à Brettauer et bras droit du célèbre Walter Rathenau, directeur de l'*Allgemeine Elektricitäts Gesellschaft*. Naturalisé Américain, mais pangermaniste dans l'âme, Thurnauer était à la fois président du conseil d'administration de l'*A.E.G.* et membre du conseil d'administration de la *Compagnie générale des Omnibus de Paris*. En cas de prise de la grande ville par les Allemands, il eût été le maître tout désigné des transports et de l'électricité parisiens, dont il connaissait à fond les ressources. Mis en cause par *l'Action Française*, il eût le bon goût de ne pas protester et abandonna ces divers postes avec une diligente modestie.

Entre vingt autres cas analogues, je citerai encore celui de l'Allemand David Reiss, de Barbizon, parce qu'au cours du procès qu'il nous intenta et qu'il perdit devant le tribunal de Melun (31 janvier 1917) il s'attira le mémorable attendu suivant, honneur de la magistrature française pendant la grande guerre :

Attendu que de tous ces faits résulte la preuve que les prévenus n'ont pas agi avec l'intention de nuire à un individu...... mais dans un but d'intérêt national; qu'on ne saurait nier qu'au moment où un pays est engagé dans la lutte la plus terrible qu'aucun peuple ait jamais subie, où toutes ses forces devraient être tendues dans un seul souci du salut public, c'est un devoir pour tout citoyen d'élever la voix pour signaler tout individu contre lequel existe une réelle suspicion d'être un allié de l'ennemi.... acquitte tous les prévenus, déboute Reiss, partie civile, de toutes ses conclusions et le condamne aux dépens.

Le 25 juin 1917, la Cour d'appel de Paris maintenait purement et simplement ce jugement inoubliable, qui résume, dans une formule à la Tacite, une des plus pressantes obligations de la guerre d'appui.

Enfin, pour ne pas prolonger indéfiniment cette liste des premiers résultats acquis et qui semblent aujourd'hui très peu de chose — mais alors!... — je rappellerai que nous avons été les premiers à dénoncer le fameux Garfunkel, dit le « docteur Georges », condamné, malgré ses éminents protecteurs de la Préfecture de police, à cinq ans de prison, trois mille francs d'amende et à la dégradation civique; et que, dès le 26 juin 1915, je signalais comme espion allemand Karl Reuscher, né le 21 octobre 1876 à Wehlen-sur-Moselle, directeur général de la société des Grands Hôtels d'Évian-les-Bains, lequel en janvier 1917 était condamné, *en Suisse*, à 4 mois de prison et à l'interdiction de séjour pour faits d'espionnage.

Vous me direz que, sur les centaines d'Allemands naturalisés ou de suspects, qui infestaient le sol de la France dans les trois premières années de la guerre, une douzaine d'exécutions étaient peu de chose. Je vous répondrai que ces douze exemples étaient choisis parmi les plus représentatifs et dans des sphères auxquelles ne s'étend pas d'ordinaire la main de la police. Ajoutez à cela que ladite police, ou du moins certains de ses éléments, protégeaient ceux que je pourchassais. Périodiquement la censure me mettait des bâtons dans les roues. Un Ullmann se croyait un des rois de Paris. Un Thurnauer voyait trembler devant lui les plus hauts fonctionnaires. Reiss avait à sa dévotion le député-maire de Melun, Delaroue, qui vint, d'un assez piteux visage, témoigner pour lui, à son procès. Je le vois encore pourchassé dans ses derniers arguments par un jeune et vigoureux avocat, Me Gérault-Carrion, dont la plaidoirie fut une révélation. Rien n'était plus symbolique que la simple et magnifique attitude du premier adjoint au maire de Barbizon, faisant fonction de maire, l'honorable M. Marteau, dont le fils a été tué à l'ennemi, dressé devant cette petite fouine allemande de David Reiss. La salle entière frémissait et applaudissait.

Ce n'étaient là, malgré tout, que des épisodes, plus ou moins saillants, mais des épisodes de la lutte entre les deux tendances, la nationale — qui ne voulait point de la « dissociation intérieure » — et l'autre. Sans doute Millerand, qui avait su sagement déposer sa toge d'avocat des Maggi à la porte du ministère de la Guerre, mettait-il sur tous les murs la fameuse formule « *Taisez-vous, méfiez-vous, les oreilles ennemies vous écoutent.* » Sans doute lisait-on dans les journaux des histoires de séquestres et de séquestrés — voir le beau livre d'Edgard Troimaux — qui ne tournaient pas toutes à l'avantage des séquestrés. Sans doute le jugement de Melun était-il un important avantage. Néanmoins la France était loin de cette guerre totale que j'ai toujours appelée de mes vœux. Le grand public a été lent à comprendre que la gigantesque lutte actuelle avait ses racines à l'arrière du front, dans les intérêts franco-allemands conjoints de l'avant-guerre et que, si l'on voulait la victoire, il fallait que ces intérêts fussent à jamais disjoints. Les pouvoirs publics ont été plus lents encore et plus atones que le grand public. Dans le privé, nombre d'hommes politiques parlaient avec terreur des accointances ennemies que l'on sentait rôder ici et là, à tous les niveaux de la société et dans tous les milieux. Aucun d'eux ne montait à la tribune pour souligner ces accointances. Peur des responsabilités, nonchalance, ou crainte d'être accusé d'espionnite ? Exception faite pour le sénateur Gaudin de Villaine qui dénonça le mal à voix haute, mais au milieu de l'incrédulité presque générale de ses collègues. Son discours était cependant nourri de faits, qui passèrent presque inaperçus. L'ambiance n'y était pas encore.

Quand on désire atteindre un but important ici-bas, il faut être patient. Au milieu des procès, des applaudissements et des injures, je continuais à accumuler les matériaux d'une documentation telle que je n'ai pu songer à l'utiliser ici. Mon bouquin en serait devenu illisible. Il n'était pas une industrie importante, pas un commerce utile à la guerre, pas un milieu renseigné ou agissant, qui ne fût fréquenté, subodoré et quelquefois administré par un ou plusieurs émissaires ou agents à poste fixe de l'ennemi : tantôt un Allemand naturalisé, tantôt un Autrichien déguisé en Tchèque, ou un Hongrois, ou un Suisse, ou un Espagnol, ou un Argentin ; parfois, chose plus triste, un Français ou un Italien, ou un Anglais besogneux. Impossible de vérifier ces innombrables signalements, qui d'ailleurs se recoupaient entre eux. Car il y aura eu, pendant la guerre, une confrérie des agents boches, comme il y a une confrérie des voleurs, ou des invertis. Ils se reconnaissent à certains signes, ils emploient les mêmes procédés, ils ont recours aux mêmes hommes d'affaires, ils utilisent et exploitent les mêmes femmes, ils ont toutes prêtes les mêmes menaces et les mêmes accommodements. Qui en connaît un les connaît tous. Chacun d'eux a auprès de lui des paravents de bonne volonté et une dupe. Comme on me sait peu intimidable, on me déléguait généralement la dupe, qui venait me répondre des bons sentiments de tel ou tel délégué de Heinemann, de Rathenau, de Ballin, de Thyssen ou de Bethmann-Hollweg. Les arguments ne variaient guère.

1° Celui que vous attaquez injustement est Allemand sans doute, *mais* naturalisé ; ou a eu des attaches allemandes, *mais* les a rompues depuis longtemps ; ou dirige une affaire en partie allemande, *mais* a renoncé à cette partie allemande et à tous bénéfices allemands.

2° Celui que vous attaquez est un Espagnol royaliste, ou un Suisse catholique, ou un Américain du Sud bon Français. Le premier argument est fréquent chez les gens du monde, le second chez les ecclésiastiques, le troisième chez les commerçants. Comment faire comprendre aux gens qu'un révolutionnaire ou un athée, français et patriotes, me sont bien plus chers et précieux en temps de guerre qu'un conservateur admirateur des Allemands ou qu'un cardinal boche?

3° Vous êtes mal renseigné, ou par des concurrents jaloux. Oh! l'explication par « le concurrent jaloux », me l'a-t-on servie assez souvent! Elle fait partie de la défense de tout Boche et de tout emboché, de la trousse de tout kommis-voyacheur. En temps de guerre, elle sonne étrangement. L'Allemagne s'était évidemment flattée de continuer son envahissement commercial et industriel chez nous à la faveur même de l'invasion et de la terreur. *Ils* cherchent à utiliser tout.

Cependant je continuais à me demander quels étaient le lien général de tant de manœuvres souterraines et l'explication du paradoxe de *la guerre limitée aux belligérants* de façon unilatérale, alors que l'ennemi massacrait nos civils et emmenait nos femmes en esclavage. Je me posais cette question à toute heure du jour. Je notais, j'observais, je réfléchissais, quand mon attention fut attirée sur un journal du soir intitulé *Le Bonnet Rouge* et sur un groupe de gens des deux sexes, dont je vais maintenant vous entretenir. Je le ferai avec la même objectivité que s'il s'agissait d'un plant d'euphorbe ou d'un mancenillier.

CHAPITRE V

CE QU'ÉTAIT « LE BONNET ROUGE » : ALMEREYDA ET SES COMPAGNONS

Bonaventure Vigo, dit « Miguel Almereyda » — qui devait jouer un rôle criminel et si important pendant les trois premières années de la guerre européenne et finir de façon tragique — était un garçon mince et découplé, de figure agréable, de voix douce, avec des yeux de velours, où brillait tout à coup une lueur mêlée de violence et de fausseté. Je le rencontrai en 1909, au préau de la Santé, où il subissait une peine politique comme révolutionnaire, dans le même temps que Pujo et les camelots du Roi y étaient incarcérés à la suite des manifestations Thalamas. Il collaborait à *la Guerre Sociale* de Gustave Hervé. J'ignorais alors qu'il eût été condamné pour vol, injures à l'armée, provocation au meurtre et fabrication d'explosifs (*Gazette des Tribunaux* des 9 et 10 octobre 1911). Mais tout de suite sa silhouette me frappa ainsi que l'expression de son visage. Il portait une blouse noire à la Tolstoï, chantait *la Chanson des Tisserands*, d'une voix juste, et jouissait, auprès de ses camarades, d'un prestige dû à son audace, à sa bravoure incontestée. Néanmoins, il émanait de lui quelque chose de bizarre et d'inquiétant, qui tenait de l'apache et du joueur de bonneteau. Nous échangeâmes quatre paroles, chacun de nous deux déplut à l'autre et nos relations en restèrent là.

Je sus, par la suite, qu'il avait quitté Hervé pour devenir secrétaire de rédaction du *Courrier Européen*, que dirigeait un certain Charles Paix, dit Paix-Séailles. Almereyda menait là une campagne « humanitaire » contre la loi de trois ans, des plus suspectes. Je ne fus nullement surpris quand, à la veille de la guerre, il fonda un *Bonnet Rouge*, hebdomadaire d'abord, puis quotidien du soir destiné à combattre « la folie des armements », le Creusot, et à défendre, même dans la rue, la thèse tristement caillautienne du « rapprochement franco-allemand ». Je songeai simplement : « Il a trouvé sa voie. C'est un gaillard à surveiller, ainsi que son entourage. » Et je me mis en mesure de recueillir sur son activité, grande avant la guerre, mais frénétique depuis la guerre, tous les renseignements possibles. Ce n'était pas très malaisé, car certain de l'impunité, confiant dans ses amitiés et protections politiques, ostentatoire avec cela et cherchant à épater le vulgaire, il ne se dissimulait presque pas. Ceux qui ont été ses dupes y ont mis certes beaucoup de bonne volonté. Je pense aussi que, maître chanteur adroit, et flanqué d'un autre maître chanteur, aussi méprisable et habile que lui — moins la bravoure et une certaine générosité de sang — Jacques Landau, il terrorisait bon nombre de gens en place. J'ajoute que totalement dénué d'instruction première et même d'orthographe, bien que doué d'un certain bagout, il était incapable d'écrire seul un article et se faisait suppléer dans cette besogne par deux ou trois scribes appointés. Parmi eux, un certain Émile P..., dit « Georges Clairet », engagé pendant quelques mois comme informateur adjoint à *l'Action Française*, puis congédié et plein de rancune. C'est ce « Clairet », sans aucun doute, qui embarqua Almereyda dans son absurde et dangereuse campagne contre nous. Je dis « dangereuse », car elle m'amena à m'occuper de ses faits et gestes de plus près qu'il n'eût dû le souhaiter.

J'appris ainsi successivement qu'aux élections de 1914, il s'était tenu en permanence au ministère de l'Intérieur, conseillant et gourmandant les préfets; qu'au procès de Mme Caillaux il avait servi de garde du corps à l'ancien ministre des Finances et président du Conseil; que, cinq jours plus tard, il cherchait à ameuter les antipatriotes aux cris de « A bas l'armée ! » sur les boulevards, cela à quelques heures de la mobilisation; qu'il bénéficiait d'une subvention importante (8 000 francs par mois au minimum) de la place Beauvau; qu'il jouissait de la confiance entière de Malvy et Viviani; que Malvy lui avait enjoint de rester à Paris, au lieu de partir pour les armées où l'appelait sa classe; que son train de vie avait subitement changé. Qu'on en juge : logé jusqu'à la fin de 1914, 35, rue Orfila, avec un loyer de 500 francs par an, Almereyda, après la déclaration de guerre, installait sa maîtresse boulevard des Capucines, avec un loyer de 600 francs par mois. Il s'installait lui-même luxeusement, avec sa femme et son fils, rue Spontini, achetait trois automobiles magnifiques, louait une villa 14, rue Gaston-Latouche, à Saint-Cloud, au prix de 10 000 francs par an, dont 5 000 versés d'avance, distribuait des bijoux hors de prix à diverses personnes de mauvaises mœurs et commençait à mener, dans les tripots, ce que les croupiers et les usuriers appellent la grande vie.

Je pus m'assurer qu'en compagnie d'un certain nombre de lascars de même farine, il pratiquait simultanément et avec un égal bonheur :

1° Le trafic des stupéfiants, morphine, éther et cocaïne. Ceci avec la complicité d'un certain Thomas Henry, dit Harry Goddart, sujet autrichien, né le 22 août 1869 à Fort-Tattey (États-Unis) ;

2° Le trafic des permis de séjour et des levées d'arrêtés d'expulsion — succédant à des arrêtés d'expulsion en bonne et due forme — avec la complicité d'un certain nombre de fonctionnaires de la Sûreté générale et de la Préfecture de police ;

3° L'avortement, amorcé dans *le Bonnet Rouge* par des réclames en faveur de sages-femmes suspectes — dont la plus redoutable a été arrêtée et incarcérée récemment — avec la complaisance du docteur Lombard, collaborateur d'Almereyda et condamné, pour réformes frauduleuses, à une dizaine d'années de reclusion;

4° Le chantage auprès des agents de l'ennemi, tels que le Syrien Rabbat, « banquier » rue Laffitte, refileur de titres volés par les Allemands en territoire occupé, auprès de tenanciers de tripots et de lupanars;

5° *La communication à l'ennemi, par une demi-douzaine d'émissaires, toujours les mêmes, de documents diplomatiques et militaires susceptibles de le renseigner sur les projets des Alliés et les séances des comités secrets;*

6° *L'excitation méthodique des soldats à la désobéissance et à la mutinerie, ceci avec de nombreuses complicités, dont les principales sont ou seront connues, à l'aide d'une prétendue permanence de renseignements militaires, installée dans les bureaux du* Bonnet Rouge, *dirigée par le général N..., alias Goldschild dit « Goldsky »*.

En possession de ces renseignements tragiques, j'acquis bientôt la certitude que je tenais, avec la bande du *Bonnet Rouge*, ses ramifications policières et ses deux omnipotents protecteurs, messieurs Caillaux et Malvy, la principale cause de l'échec de nos offensives et de l'inefficacité du prétendu blocus. Je fis part de ma découverte à mes collaborateurs, qui n'en furent pas autrement surpris. Il m'apparut évident que la prolongation d'un pareil état de choses exposait le pays aux pires dangers et occasionnait, en tout état de cause, des milliers et des milliers de morts par surcroît. Dès lors, je pris la résolution de guetter la première occasion favorable et de crever l'abcès, coûte que coûte. Chaque jour *le Bonnet Rouge* versait à ses lecteurs, recrutés parmi la partie la plus louche de la population, le poison du défaitisme, de la germanophilie, du découragement et de la colère[1]. Son but était clair : la dissociation intérieure, cherchée par le gouvernement allemand.

Voici, à titre de curiosité, l'acte de naissance de ce bandit, promu par l'amitié du ministre de l'Intérieur Malvy — du 1er août 1914 au 22 juillet 1917 — à la fonction de véritable Préfet de police de Paris :

L'an mil huit cent quatre-vingt-trois et le neuf janvier, onze heures avant midi, dans l'hôtel de ville de Béziers, département de l'Hérault, par

1. Voir Ch. Sancermo, *les Serviteurs de l'ennemi*, chez Victorion, 87, boulevard Saint-Germain.

devant nous, Jean-Baptiste Perdraut, adjoint au maire de ladite ville, officier de l'état civil, délégué, a comparu : Bonaventure Vigo, employé de commerce, âgé de vingt-deux ans, natif de Saillagouse (Pyrénées-Orientales), domicilié à Béziers, lequel nous a déclaré que le jour d'hier, à trois heures du soir, il est né un enfant du sexe masculin qu'il nous présente, et auquel il déclare donner les prénoms de Eugène-Bonaventure-Jean-Baptiste, se reconnaissant pour être le père de cet enfant et l'avoir eu de demoiselle Aimée Salles, sans profession, âgée de vingt ans, native de Perpignan, lequel enfant est né en la maison Roche, avenue de Bessan. Les présentes déclarations ont été faites en présence de : Joseph Ribo, âgé de vingt-sept ans, et Théophile Mauthet, âgé de ving-six ans, employé de commerce, domiciliés à Béziers, et ont, les père et témoins, signé avec nous le présent acte, après lecture faite.

J'ai eu entre les mains et remis à la justice militaire une série de pièces, d'une authenticité certaine, desquelles il résulte qu'Almereyda donnait des ordres directement, non seulement à tous les hauts fonctionnaires de la Préfecture de police, — confiée à dessein, comme je l'ai déjà dit, à un pauvre homme d'un caractère très faible et d'intelligence nulle, du nom de Laurent, — mais au personnel de la Sûreté générale, En marge de quelques-unes de ces pièces, concernant des élargissements de suspects, on lit cette phrase, de la main d'Almereyda : « Je donne ma caution. » — « M. Almereyda nous garantit le patriotisme d'un tel, nous devons le croire », ajoute un policier particulièrement zélé. Lors de mes premières dénonciations dans *l'Action Française* concernant le directeur du *Bonnet Rouge* et ses manœuvres pro-allemandes, trois chefs de cabinet de la Préfecture, MM. Paoli, Maunoury et Pascalis, publièrent, dans les feuilles parisiennes, une attestation en faveur de leur sinistre patron, lequel par ailleurs avait partie liée avec la pire et la plus suspecte racaille de presse.

Il serait superflu et fastidieux d'énumérer ici toute cette clique. J'en noterai les plus remarquables échantillons.

Jacques Landau, né le 7 juin 1877, à Odessa (Russie) de parents polonais, naturalisé français le 30 décembre 1902, est le type accompli du maître chanteur. Contrairement à Almereyda, son physique torve et sinistre ne prévient pas en sa faveur. C'est le type du traître d'Ambigu. — Son beau-frère, Ladislas Heftler, dit « le baron Heftler », décédé vers 1912, ex-coiffeur à Berlin, agent allemand, mêlé à plusieurs affaires retentissantes d'escroqueries, lui avait prodigué ses leçons. L'élève fut digne du maître. Dès la deuxième année de la guerre, Landau, qui avait jusque-là végété dans des feuilles obscures, fondées par lui pour extorquer de l'argent à des financiers, entra au *Bonnet Rouge*, connut une prospérité égale à celle d'Almereyda et fonda une « agence d'informations » dite Primo, sise 5, rue de la Grange-Batelière, puis, de connivence avec Goldsky, une feuille intitulée *La Tranchée Républicaine*, même adresse. Ces deux organes n'étaient autre chose que des succédanés du *Bonnet Rouge* et accomplissaient exactement la même criminelle besogne. Ils prenaient aussi la défense de tous les agents avoués ou sournois de l'ennemi, dénoncés par *l'Action Française*, mais de telle façon que le Boche ou l'Austro-Boche, naturalisé ou non, ou l'emboché ainsi « défendu » préférât très vite le silence et s'entendît en conséquence avec ses « défenseurs ». Tous les journalistes patriotes étaient en même temps traînés dans la boue et, au besoin, menacés de sévices physiques. Personnellement, j'ai été condamné à mort une douzaine de fois par Almereyda et par Jacques Landau, mais mon peu d'impressionnabilité fait que je ne m'en émouvais guère. Chaque semaine environ, allant à mon journal, je rencontrais sur les boulevards mon assassin virtuel, lequel, en m'apercevant, détournait la tête. Il faisait bien. Tout en servant l'Allemagne de son mieux, par la plume et aussi par l'action, Landau était indicateur appointé par la Sûreté générale, dans les petits papiers de Leymarie et du contrôleur Sébille, chargé de mission en Grèce, cependant qu'une de ses bonnes amies était chargée de mission en Espagne. Il montrait à son coiffeur émerveillé des liasses de billets de mille francs, en l'assurant « qu'il y en avait d'autres ». Le soir venu, l'excellent garçon s'adonnait au jeu et terrorisait les pontes candides que rabattaient vers lui une demi-douzaine de jeunes et vieilles femmes bien stylées. Landau consacrait ainsi, comme Almereyda, ses matinées à la police, ses après-midi à la politique et la soirée aux plaisirs en commun. Il me serait tout à fait impossible de donner ici, même en latin, le détail de ces bambochades, auxquelles ne craignaient pas de participer, de temps à autre, des personnages, plus importants.

Comme me le disait un maître d'hôtel, témoin de quelques-unes de ces petites fêtes almereydiennes : « Monsieur, ce n'est pas là une tenue de guerre ! »

Condamné trois fois en police correctionnelle pour désertion et escroqueries, Marion, deuxième administrateur du *Bonnet Rouge*, était ce qu'on appelle un bon vivant. Directeur d'un *Courrier Viticole*, membre influent du Syndicat des Bistrots, il apporta au torchon d'Almereyda, avec la clientèle assurée de quelques douzaines de marchands de vin, soixante-dix beaux billets de mille francs pour commencer. Pourquoi cela ? Parce qu'Almereyda, favori de la Sûreté générale, était chargé par celle-ci de dresser la liste des mercantis privilégiés de la zone des armées, admis au rafraîchissement des soldats : « Le pinard et la gnaule, mon vieux, ça te regarde », dit-il en passant à Marion la feuille des désignations officielles. Ils exigèrent seulement une petite revision qui leur permettrait d'intercaler les noms de quelques camarades éprouvés, c'est-à-dire carrément anarchistes, antipatriotes, antimilitaristes et susceptibles d'aider à un coup de chien par des libations opportunes et gratuites. Ne cherchez pas ailleurs le mécanisme des excitations alcooliques qui précédèrent simultanément, en divers points du front des armées, la tentative de mutinerie militaire de mai et juin 1917. Le procédé, comme l'œuf de Colomb, était simple. Encore fallait-il le découvrir. Le mérite en revient à Marion. Celui-ci n'avait pas dans sa manche plus de deux commissaires de police. En revanche, il se vantait de bien les tenir et de les régaler comme il faut, car il connaît les bonnes adresses.

Goldschild, dit « Goldsky », est un petit Hébreu, chafouin, pervers, ayant une passion ethnique, l'antipatriotisme, et dangereux par son aptitude aux transformations. C'était le Frégoli du *Bonnet Rouge*. On le trouvait tantôt sous le costume de l'infirmier militaire, versant le poison de ses « doctrines » anarchistes dans l'oreille des malheureux mutilés; tantôt, sous le nom de général N., mettant en œuvre les documents ultra-confidentiels que lui confiait Almeyreda; tantôt en civil, effectuant, pour le compte de Marion et du *Syndicat des Bistrots*, une tournée de conférences en l'honneur de l'alcool. Dans les déchirements et disputes qui étaient de règle au sein de cette association de malfaiteurs comme de toutes ses congénères, Goldsky attisait le feu de la rancune et utilisait le ressentiment. Il colportait de l'un à l'autre la peur, la discorde et la fausse réconciliation. Quand Landau, à un moment donné, se brouilla avec Almereyda, Goldsky prit le parti de Landau, dont le complet faisandage moral lui plaisait. Quand, par suite de dépenses exagérées, les fonds — en dépit des subsides allemands — étaient bas, Almereyda, Landau ou Goldsky, « donnaient » à la police un compagnon de tout repos, physiquement incapable de se venger, comme Garfunkel, lequel d'ailleurs avait « donné » antérieurement la retraite des bandits en automobile Garnier et Vallet. Ces menus services étaient payés, à bureau ouvert, par les compagnons de plaisir de ces messieurs. On en arrivait à ne plus s'y reconnaître, au milieu de ces marchandages et de ces livraisons de copains, qui accumulaient, comme on pense, contre *le Bonnet Rouge*, un certain nombre de haines carabinées.

Duval, dit « Darbourg », dit « Mondor », administrateur en chef du *Bonnet Rouge* — et qui devait déterminer sa perte — est né le 27 septembre 1864 à Paris. C'est lui qui donnait au *Bonnet Rouge* la plupart des articles signés « Monsieur Badin », directement inspirés par l'Allemagne, et qui dépassaient, en hypocrisie et en infamie, tout ce qui s'est fait de mieux dans la guerre, les pages les plus fielleuses de la *Gazette des Ardennes* (du renégat alsacien Prévot), de la *Demain* de Guilbeaux, et de Gaston Routier. Les petites notes et notules de « Monsieur Badin », intitulées « A bâtons rompus », ont été supprimées par la censure, mais ce qu'en a extrait Sancerme, dans son recueil *Les Serviteurs de l'Ennemi*, est suffisant pour donner une idée du genre. Imaginez la trahison qui rit et bave en se gaussant, le découragement insidieux porté, d'un ton de plaisanterie, sur toutes les plaies saignantes de la guerre, l'excitation à l'émeute et à l'insubordination, enrobée de blagues macabres de carabin et de croquemort. Il m'a été donné, dans une vie déjà longue, de feuilleter bien des échantillons de la vilenie et de la décomposition humaines ; jamais je n'ai rencontré quelque chose de comparable à la prose, d'ailleurs assez élégante et châtiée, de ce Duval.

Appelé à déposer sur ces gens et leurs crimes devant le grand juge des affaires de trahison, et un des plus grands juges et des plus perspicaces et des plus fermés de tous les temps, j'ai nommé M. le capitaine Bouchardon, je me rappellerai toujours l'expression de ses yeux d'un bleu sombre, quand je lui dis ce que je pensais de Duval. Le capitaine Bouchardon joint, à une voix nette et nuancée, un regard extraordinaire d'observateur désabusé, en même temps pénétrant, des faiblesses et des tares de la conscience. C'est alors qu'il a l'air distrait que ce regard absorbe la circonstance et en transmet les détails à l'esprit. A ce point de ma déposition, le juge, demeuré jusqu'alors impassible, eut un léger frémissement de la paupière, qui me montra que sa réflexion rencontrait la mienne. Comme il est dit dans la chanson, « ce fut tout, mais ce fut assez ».

Il faut vous dire, pour l'intelligence de ce qui va suivre, que Duval, après de nombreux avatars, dont l'exposé prendrait trop de place, avait été, avant la guerre, nommé administrateur d'une société dite des *Bains de Mer de San Stefano*, qu'avait lancée à Paris un personnage mystérieux et suspect du nom de Schkaff. Cette société avait pour but avoué l'installation, aux bords de la mer de Marmara, non loin de Constantinople, d'un casino analogue à celui de Monaco, avec les accompagnements habituels de ces maisons de jeux. En réalité, il s'agissait d'adjoindre à ce commerce-paravent une importante station d'espionnage allemand-turc. Dans le conseil de ladite société figuraient trois Allemands importants, le prince d'Isenburg, de Mannheim, Flinsch, de Francfort-sur-le-Mein, et le baron de Marx, banquier, tous trois faisant partie également du conseil des automobiles Benz. Isenburg, cousin germain du grand-duc de Hesse et de l'ex-impératrice de Russie, est attaché au ministère des Affaires étrangères de Berlin. Marx est conseiller à la Cour du grand-duc de Bade, ami intime des grands-ducs de Russie et du grand-duc de Hesse, membre de la commission chargée d'organiser les finances de la Belgique. Duval, comme on le voit, était en belle et bonne compagnie aux *Bains de Mer de San Stefano* !

C'est ici l'occasion de remarquer avec quelle complaisance sadique les seigneurs allemands s'adonnent à l'espionnage et s'encanaillent en espionnant. La promiscuité, en temps de guerre, comme en temps de paix, d'un prince Isenburg et d'un Duval, d'un baron de Marx et d'un Almereyda, d'un prince de Bülow et d'un Guilbeaux, d'un Ratibor, d'un von Krohn et d'un Routier, d'un prince de Hohenlohe et d'un Heftler, est quelque chose qui passe l'entendement d'un Français. Rien de plus naturel, de plus légitime aux yeux de nos ennemis. C'est une tradition germanique. Frédéric II et Bismarck la pratiquaient et leurs successeurs dégénérés font de même. Un escroc, tel que le Syrien Rabbat, petit bailleur de fonds d'Almereyda, vivait sur un pied d'égalité avec le prince abbé Max de Saxe, qui prêchait le carême dans une église du rite grec à Paris. Cela nous semble effarant. A Monaco, le prince Bernard de Saxe-Meiningen, beau-frère de Guillaume II, sa femme Charlotte de Hohenzollern, célèbre par l'excentricité de ses prodigieux chapeaux, ornés d'un plumet de Brandebourg, frayaient avec la pire racaille d'aventuriers et d'aventurières, pourvu qu'elle fût inscrite aux bureaux de renseignements du grand état-major, qui centralise l'espionnage de Berlin. Par ailleurs, la cour de Guillaume II est assez collet-monté. Sur ce point elle est et a toujours été plus que débraillée. Il y a là comme une exception d'État et l'intérêt de la suprématie allemande — garantie par l'espionnage allemand, — excuse tout.

Pour en revenir à Duval, il offrait cette originalité de brasser à pleines mains l'or allemand et d'habiter bourgeoisement, 7, rue Poulet, à Paris, après comme avant sa trahison consommée, un petit appartement d'un loyer annuel de 1 000 francs. Contraste saisissant avec Almereyda et Landau, qui menaient au contraire une vie de caraïbes enrichis brusquement et jetaient les billets de banque par les fenêtres.

Un très bon garçon de ma connaissance se laissa un jour, par curiosité, inviter à dîner chez Almereyda, rue Spontini. Il y avait là toute la bande, plus quelques politiciens importants. Le maître du logis, en habit et en cravate blanche, demandait en ces termes du vin à son domestique en livrée : « Aboule le rouge, Édouard, et au trot ! » Il racontait : « X..., — ici le nom d'un homme politique fort connu — fait le malin avec moi. Mais je le dresserai. Nous avons tout prêt, sur le scandale de sa vie privée, un numéro entier du *Bonnet Rouge*. S'il fait le zigotot, on verra ça. — Et la censure, Miguel ? jeta un des convives. — La censure, je m'assieds dessus. » Tels étaient les propos de table les plus modérés.

J'ai parlé incidemment de Thomas Henry, ou « Harry Goddard ». Celui-là, qui se consacrait au commerce des stupéfiants, paraît avoir été le souffre-douleur d'Almereyda, qui tantôt le cachait dans sa villa de Saint-Cloud, tantôt le faisait expulser, tantôt faisait lever son arrêté d'expulsion. On sait qu'Almereyda mourut morphinomane, ou plutôt que la morphinomanie fut invoquée comme une excuse plausible à sa mort mystérieuse autant qu'opportune. Harry Goddard lui procurait son poison, puis, quand il avait amassé une jolie somme en intoxiquant les maniaques de Montmartre et du boulevard, le directeur du *Bonnet Rouge* le faisait, comme il disait « dégorger ».

Autour de ces protagonistes, gravitaient une cinquantaine de pauvres hères, de marmiteux, de souteneurs, de « grecs » professionnels et d'aspirants assassins, réformés grâce aux docteurs Lombard et Laborde et qui composaient une troupe d'hommes de mains, demi-révolutionnaires, demi-indicateurs de police. La bande frayait de loin avec celle de l'anarchiste Sébastien Faure, inscrit également à la Sûreté générale, mais plus discrètement et qui publiait une feuille hebdomadaire défaitiste, moins bien achalandée de beaucoup que *le Bonnet Rouge*, sise boulevard de Belleville, intitulée *Ce qu'il faut dire*. Guilbeaux, réformé, puis réfugié à Genève, venant fréquemment à Paris, y envoyant sa femme, oscillait entre Almereyda, qu'il détestait, et Sébastien Faure. Quant à Sébastien Faure lui-même, ses vices devaient le faire pincer finalement au « marché aux puces » en flagrant délit. Il en fut quitte pour quelques mois de prison.

Il serait injuste d'oublier, dans le voisinage immédiat d'Almereyda, un bizarre garçon du nom d'Ernest Dolié, mort dans des circonstances non moins bizarres que lui, peu de semaines avant son copain. En concurrence avec la *Primo* de Landau, Dolié avait fondé une *Agence Républicaine*, destinée, comme *Primo*, à prendre la défense des pauvres espions boches et austro-boches mis à mal par *l'Action Française*. J'ai conservé et remis à la justice militaire le numéro du *Bonnet Rouge* consacré à ses funérailles, auxquelles s'étaient fait représenter ou figuraient plusieurs personnages politiques importants. Joseph Caillaux avait envoyé un télégramme de condoléances.

Almereyda et ses hommes, sur lesquels le lecteur a maintenant quelques aperçus, ne s'appuyaient pas seulement sur l'amitié de Caillaux et Malvy et l'indulgence de M. Viviani, président du Conseil et garde des Sceaux,

Ils disposaient encore de protections financières importantes, au premier rang desquels un de Rothschild, Cahen, de Caïffa, le marchand de café bien connu, et Alexandre Raffalovich, demeurant 53, rue Desrenaudes, ex-secrétaire de la *Banque Internationale de commerce de Pétrograd.* Bolo Pacha ne refusa pas au *Bonnet Rouge* une commandite de 30 000 francs. L'ex-avoué Guillaume Desouches, de l' « Œuvre des journaux républicains du front », s'occupait de la diffusion, dans la zone des armées, de l'organe allemand de Paris. Lors d'une visite que je fis au ministre des Colonies, Maginot, le 27 juin 1917, afin de révéler à son indiscutable patriotisme et à son courage civique ce que je pensais du ministre de l'Intérieur Malvy, j'aperçus, sur la table de l'antichambre, trois numéros du *Bonnet Rouge* du même jour. C'est dire que la propagande en était soignée dans les milieux officiels.

C'est le moment de mettre sous les yeux du public un document bien singulier que j'appellerai volontiers le testament d'Almereyda. Il s'agit de la déposition écrite que le bandit remit au juge Drioux qui l'avait cité comme témoin dans l'affaire Duval, avant de le faire arrêter. Joseph Caillaux a fait allusion à ce document dans sa propre déposition à la Chambre. « Avez-vous un texte ? » demandait Fustel de Coulanges à ses élèves. Nous avons un texte, et significatif, où, comme on va le voir, l'aveu de bien des choses se lit entre les lignes. Un journal, dirigé par un ex-ami d'Almereyda, a publié cette page extraordinaire dans son numéro du samedi 22 décembre 1917. Je la reproduis ici textuellement :

Le Bonnet Rouge fut d'abord hebdomadaire sous forme d'une publication genre *Cri de Paris*. Son premier numéro parut le 22 novembre 1913, son dernier le 7 mars 1914.

Le 16 mars, il se transformait en quotidien du soir. Le journal partait sans ressources ou presque ; quelques milliers de francs apportés par des amis personnels de M. Almereyda : P. S., actuellement au front ; M. G. W., mobilisé aujourd'hui ; M. Paix-Séailles, directeur du *Courrier Européen*.

Dès le premier numéro, malgré son succès de vente, *le Bonnet Rouge* connut des difficultés financières énormes. C'est par une gymnastique extraordinaire, et grâce à l'exceptionnel dévouement des amis de M. Almereyda qu'il ne mourut pas avec le troisième ou quatrième numéro.

Le Bonnet, *organe indépendant.*

On le donnait partout comme l'organe de M. Caillaux ; la chose était inexacte. M. Almereyda était brouillé avec M. Caillaux... On en trouverait la preuve dans quelques échos et un article signé Almereyda, parus dans *le Bonnet Rouge* hebdomadaire. Mais, après l'arrestation de Mme Caillaux, *le Bonnet Rouge* mena une campagne si vive, si ardente en faveur de l'inculpée et de M. Caillaux que celui-ci fit appeler Almereyda et lui dit : « Vous avez eu à vous plaindre de moi. Vous auriez pu me lâcher aujourd'hui. Vous ne l'avez pas fait. Vous vous êtes conduit en homme d'honneur; vous m'êtes désormais sacré. »

A partir de ce moment. Almereyda est lié à M. Caillaux et celui-ci soutient moralement *le Bonnet Rouge*. M. Caillaux a ainsi versé 40 000 francs à Almereyda. Il était entendu que cet apport entrerait en compte dans la Société qui serait appelée à former *le Bonnet Rouge*. Depuis, M. Caillaux a dit à Almereyda qu'il faisait abandon de ces sommes, les considérant comme une très faible reconnaissance des services rendus.

Prospérité...

Un peu avant la guerre, M. Almereyda fut soutenu financièrement par le groupe des amis de M. Combes. M. François Combes, neveu de l'ancien Président du Conseil, versa à M. Almereyda environ une quinzaine de mille francs; il avait été convenu que ce groupe apporterait de gros capitaux et qu'une société serait fondée avec M. Almereyda. Il y eut des projets d'établis, mais la guerre empêcha de les réaliser.

Le Bonnet Rouge connut, comme quotidien du soir, un succès inespéré. Servi par les événements : procès Caillaux, élections, tension balkanique, etc., il connut des tirages énormes (jusqu'à 200 000 exemplaires), et son tirage moyen était, quinze jours après son apparition, de 80 000 exemplaires. Il joignait alors les deux bouts.

.....*Et déboires.*

Vint la guerre. Du jour au lendemain, la vente du *Bonnet Rouge* passa de plus de 50000 à 10000; la mobilisation lui enlevant la majeure partie de ses lecteurs, qui se recrutent forcément parmi les hommes jeunes.

Le Gouvernement, que présidait alors M. Viviani, apporta à M. Almereyda un concours sérieux et permanent. Une somme de 20 000 francs fut réunie par M. Viviani et remise à M. Almereyda par M. Malvy. M. Malvy, de son côté, apportait mensuellement, et dans une mesure importante, des subsides à M. Almereyda. M. Augagneur, ministre de la Justice, aidait aussi *le Bonnet Rouge* de versements réguliers.

Ainsi passèrent les années 1914 et 1915.

Rupture avec le Gouvernement.

Au commencement de 1916, M. Almereyda ne se trouva plus d'accord avec la politique gouvernementale. Il le dit à M. Malvy, à M. Viviani, auxquels il reprochait de laisser se développer l'action réactionnaire et de ne pas réagir contre les folies d'un jusqu'auboutisme aveugle qui, exploité par les empires centraux, est des plus néfastes pour le succès de notre cause.

A la suite de cette déclaration et bien que restant en excellents rapports avec les ministres précités, M. Almereyda cessa d'accepter le concours financier du gouvernement.

Les aides pécuniaires.

Naturellement la situation du *Bonnet Rouge* fut souvent critique. Une augmentation de la vente, due à la nouvelle attitude du *Bonnet*, qui se posait en organe mesuré, combattant « les bourreurs de crâne », due aussi à certaines campagnes, comme celle en faveur des locataires et celle contre les récupérations et à l'important service de renseignements, diminuait le déficit. Pourtant les difficultés financières étaient énormes. M. Almereyda « ne tint le coup » que grâce à l'aide que lui apportèrent M. Charles Humbert, MM. de Rothschild, et plus particulièrement M. Marion qui prêta, par sommes successives, 20 000 francs, et M. Charles Paix-Séailles, directeur du *Courrier Européen*, qui aida M. Almereyda, tantôt par des dons, tantôt par l'escompte de traites. Le témoignage suivant de M. Paix-Séailles en fait foi :

(Ici une lettre justificative de M. Paix-Séailles.)

Une autre personne qui apporta un sérieux concours à M. Almereyda est M. Francfort,

144, rue de Charonne. M. Francfort est un industriel républicain. Mis systématiquement à l'écart dans certains services de la guerre et objet d'une campagne odieuse, parce que juif et trop ostensiblement républicain, M. Francfort eut l'occasion de fournir à M. Almereyda, avec lequel il entretenait d'excellents rapports, la preuve qu'un consortium de gros industriels s'arrangeaient pour écarter des services de la guerre tous les concurrents modestes, de telle sorte qu'ils imposaient auxdits services les prix qui leur plaisaient. M. Francfort apporta à M. Almereyda, entre autres choses, la preuve que des masques qu'il avait proposés à un prix de, avaient été refusés et que le marché des mêmes masques avait été donné au fameux consortium à un prix plus élevé.

M. Almereyda porta l'affaire devant M. Albert Thomas, sous-secrétaire d'État à l'Armement. M. Thomas reconnut le bien-fondé des affirmations de M. Almereyda. Une partie du marché fut alors remise à M. Francfort.

En reconnaissance, M. Francfort, qui avait déjà aidé M. Almereyda, consentit, souvent, dans des périodes de crise, à soutenir *le Bonnet Rouge*. M. Francfort avait fait don à M. Almereyda d'environ 80 000 francs. De plus M. Francfort, comme M. Paix-Séailles, escompta des traites à M. Almereyda et même engagea sa signature personnelle. M. Francfort signa ainsi pour une trentaine de mille francs.

Ce procédé de traites, cette gymnastique financière, il fallut que M. Almereyda, l'employât souvent.

Une autre personne, M. Delfau, commissaire, ami de M. Almereyda, demeurant 26, rue de Mogador, eut aussi l'occasion de rendre ce genre de service à M. Almereyda. La lettre dont voici la copie en fait foi :

10 juillet 1917.

Mon cher ami,

Il m'est impossible d'assister à la réunion que vous provoquez pour vous justifier. Je vous écris donc ce que j'aurais dit. Je vous ai, à différentes reprises, par amitié et pour vous aider, pris des traites, dont le montant s'élève à 79 910 francs, du 7 août 1916 à ce jour. Sur ces valeurs, vous restez en devoir trois de 5 000 francs chacune, soit 15 000, aux échéances suivantes : 15 juillet courant, 5 000 francs ; fin juillet courant, 5 000 francs 15 août, 5 000.

Tous les paiements ont été régulièrement faits et je n'ai qu'à me louer de nos rapports.

Mes bonnes amitiés,

A. Delfau.

M. Marion.

En mai 1916, M. Marion, qui avait précédemment prêté 20 000 francs à M. Almereyda, lui dit : « Votre administration est tenue de façon déplorable. Je risque de perdre mon argent. Si vous acceptez, je prendrai l'administration. Et si vous avez encore besoin de fonds, je pourrai vous en apporter.

M. Almereyda accepta. M. Marion avança une nouvelle somme de 25 000 francs et fit rentrer, du commerce des boissons, dont il est le représentant, une somme de 40 000 francs.

Quelque temps après, M. Marion dit à M. Almereyda que, ne pouvant s'occuper du travail matériel de l'administration, il le priait d'accepter un de ses amis, M. Duval, pour s'occuper en ses lieu et place de cette besogne. M. Almereyda accepta. C'est ainsi que Duval entra au *Bonnet Rouge*.

M. Duval fut amené, en certaines périodes de crise, à avancer des fonds au *Bonnet Rouge*. A un moment donné son crédit au journal atteignait plus de 150 000 francs. Mais, en plusieurs versements, M. Almereyda remboursa une partie des fonds avancés par M. Duval.

Le Bonnet Rouge doit être débiteur envers M. Duval d'environ 85 000 à 90 000 francs.

San Stefano.

Très loyalement, M. Duval mit M. Almereyda au courant de l'affaire de la San Stefano et des raisons qui l'obligeaient à se rendre en Suisse.

Quand on eut interdit à M. Duval le passage de la frontière, il y a un an, M. Almereyda fit, à la prière de M. Duval, une démarche auprès de l'Intérieur pour faire revenir sur la décision. Il lui fut opposé un refus formel. M. Almereyda s'inclina.

C'est à son insu que cette interdiction fut levée,

et M. Almereyda a connu l'histoire du chèque en même temps qu'il apprenait l'arrestation de M. Duval.

Outre les fonds dont il est parlé plus haut, M. Almereyda a reçu, en trois versements, une somme de 200 000 francs de M. Michel Cahen, ami de M. Almereyda. Cette somme de 200 000 francs a été versée à titre de prêt, comme en fait foi le contrat que possèdent respectivement M. Cahen et M. Almereyda et dont voici copie :

Entre les soussignés :

M. Michel Cahen, industriel, demeurant à Paris, rue Lamennais, n° 15,

D'une part;

Et M. Almereyda Miguel, publiciste, propriétaire du journal *le Bonnet Rouge*, demeurant à Paris, rue Drouot, n° 14.

D'autre part;

Il a été convenu et arrêté ce qui suit :

M. Cahen prête à M. Almereyda, ce acceptant, la somme de deux cent mille francs (fr. 200 000) sur laquelle somme celle de cinquante mille francs (fr. 50 000) a été versée à M. Almereyda par M. Cahen le 3 mars 1917 contre sa quittance de même date, en bonnes espèces de monnaie ayant cours, et dont le solde, soit cent cinquante mille francs (fr. 150 000) sera versé à M. Almereyda de la façon suivante : soixante-quinze mille francs le

8 mai 1917, soixante-quinze mille francs dans le courant du mois de juin 1917.

M. Almereyda promet et s'oblige à rembourser ladite somme de deux cent mille francs à M. Cahen, en sa demeure ou, pour lui, au porteur de ses pouvoirs, et, en cas de décès de M. Cahen, à ses héritiers et ayants droit, en quatre paiements égaux de cinquante mille francs (fr. 50000) chacun qui devront avoir lieu, savoir :

Le premier paiement dans le courant de la première année qui suivra la cessation des hostilités;

Le deuxième paiement dans la deuxième année qui suivra la cessation des hostilités;

Le troisième paiement dans la troisième année qui suivra la cessation des hostilités;

Le quatrième paiement dans la quatrième année qui suivra la cessation des hostilités.

M. Almereyda aura la faculté de se libérer des cinquante mille francs qu'il s'engage, par les présentes, à rembourser chaque année à M. Cahen par portions qui ne pourront pas être moindres de deux mille francs.

Jusqu'à son remboursement effectif, ladite somme de deux cent mille francs produira des intérêts sur le pied de six pour cent par an, sans retenue, à partir du 1er juillet 1917 et payables de six mois en six mois.

Les intérêts sont ainsi stipulés à six pour cent attendu la nature commerciale du prêt, et en cas de retard de paiement d'une ou plusieurs années desdits intérêts, les intérêts de chaque année produiront eux-mêmes de plein droit des intérêts sur le pied de six pour cent par an à compter du jour de l'échéance de chaque année de retard.

M. Almereyda oblige ses héritiers et représentants indivisiblement entre eux à rendre à M. Cahen, en sa demeure, ladite somme de 200 000 francs trois mois après le décès dudit sieur Almereyda.

Fait en double et de bonne foi, à Paris, le 3 mars 1917.

Lu et approuvé.

Signé : MIGUEL ALMEREYDA.

Signé : CAHEN.

En faisant le compte de l'argent rentré dans la caisse du *Bonnet Rouge* et celui des dépenses du journal, il est aisé de se rendre compte que rien de louche ne peut être relevé contre Almereyda et son journal.

Ajoutons que c'est travestir la vérité que de présenter *le Bonnet Rouge* comme un organe pacifiste. Il est, d'ailleurs, couvert par la censure. Les fois où il a été suspendu (souvent par suite d'un malentendu ou de la maladresse d'un secrétaire de rédaction), c'est pour des articles politiques ne touchant en rien ni l'action militaire, ni le moral de la nation.

Cette comédie, si mal dissimulée, de « prêt remboursable », venant d'un commerçant aussi intelligent et habile que Cahen, de Caïffa, et jouée de concert avec un individu tel qu'Almereyda, donne beaucoup à songer. Je n'insiste pas, pour le moment. Je n'insiste pas davantage sur la « gymnastique financière » — pour parler comme le directeur du *Bonnet Rouge* — à laquelle s'astreignit le vaillant démocrate Francfort, cependant qu'Almereyda, redresseur de torts, s'entremettait pour lui faire rendre justice. C'est là, au milieu de la tragédie de la guerre, une prodigieuse et redoutable comédie.

Nous allons voir maintenant comment Almereyda et sa bande amalgamaient ces ressources avouées aux ressources inavouables de l'or allemand.

CHAPITRE VI

« LE BONNET ROUGE » ET L'OR ALLEMAND.

Pour mesurer l'étendue des ravages accomplis par la bande du *Bonnet Rouge* et du crédit dont elle jouissait, du début d'août 1914 au 22 juillet 1917, auprès du ministre inamovible de l'Intérieur Malvy, il n'est rien de tel que de citer un autre texte : la plaidoirie de Me de Monzie, ami de Malvy et défenseur d'Almereyda, prononcée le 20 avril 1917 à la 5e chambre correctionnelle devant le président du Bousquet de Florian, à l'occasion du contre-procès que nous intentait, à Maurras et à moi, l'audacieux bandit. Maurras avait carrément accusé Almereyda d'être allé à Carthagène s'entendre avec les officiers du sous-marin allemand *U. 35*, signalé dans cette ville en juin 1916. Il avait d'ailleurs été question de cette rencontre au conseil des ministres, ainsi que de l'arrestation éventuelle d'Almereyda, et celui-ci y avait fait allusion dans son journal.

Je cite les paroles de Mᵉ de Monzie, ancien sous-secrétaire d'État à la Marine marchande, d'après le compte rendu sténographique des débats. Mᵉ de Monzie disait d'abord : « *L'accusation est formelle : vous êtes, vous, monsieur Almereyda, vous, journaliste, dans les circonstances présentes, un agent de l'Allemagne, parlons net, vous êtes un traître, et votre trahison a d'autant plus d'importance que votre journal fait figure d'organe politique, que dans les colonnes de ce journal ont écrit, non pas seulement des parlementaires importants, mais tels parlementaires, devenus membres du gouvernement, devenus membres de la Défense nationale.*

« *Et, dans une certaine mesure, à l'heure présente, j'ai le droit de dire que l'accusation portée contre M. Almereyda atteint directement, par un ricochet certain, tel de ses anciens collaborateurs associé d'une façon toute particulière à la Défense nationale, comme l'actuel ministre de la Guerre* — (M. Paul-Prudent Painlevé) — *car enfin, je pense comme vous, il n'est pas permis à un gouvernement de se tromper sur la qualité de ses amis. Il ne lui est pas permis d'ignorer les gens qu'il emploie ou ceux dont il accepte le concours; et par conséquent l'accusation que M. Léon Daudet a dirigée, en des termes qui ne permettent pas de discuter, l'accusation de trahison est la plus grave qui puisse, à l'heure présente, être portée.* »

Il faut savoir en effet qu'Almereyda avait imprimé, dans ses prospectus, le nom de M. Painlevé parmi ceux de ses collaborateurs, et que M. Painlevé n'avait pas jugé à propos de protester ni de rectifier.

Mᵉ de Monzie continuait, en s'adressant à notre éminent avocat et cher ami, le marquis de Roux, cependant que nous l'écoutions avec stupeur : « *Il vous était loisible de vous renseigner au ministère des Affaires étrangères pour rechercher dans quelles conditions un journaliste français peut se rendre soit en Espagne, soit en Suisse. Tout de même, maître de Roux, ce serait faire tort à l'organisation politique de ce pays que de penser qu'un voyage d'homme politique ou de journaliste se fait, à l'heure actuelle, sans qu'une conversation préalable s'institue entre le fonctionnaire du ministère des Affaires étrangères et l'homme politique ou le journaliste. Soit à l'aller, soit au retour, il est indispensable que des instructions soient données, quelquefois elles ne le sont peut-être pas assez... Vous imaginez bien — je ne veux pas insister, le Tribunal m'en voudrait si j'appuyais sur les faits — qu'avant de partir pour Saint Sébastien, je dirai plus, qu'avant de songer même à se rendre à Saint-Sébastien, pour y instituer un journal de propagande française sous le couvert d'un organe sportif, M. Almereyda n'était pas allé simplement à la Préfecture de Police pour prendre un passeport. Il n'était donc pas nécessaire que maître Challamel se mine la tête pour retenir le numéro de notre passeport; il lui aurait suffi de demander dans quelles conditions un journaliste français peut se rendre dans un pays neutre et il lui aurait suffi de demander à M. Duval, par exemple, comment M. Duval, chaque fois qu'il rentrait de Suisse, était interrogé par le ministère des Affaires étrangères, qui le priait de lui faire connaître certains renseignements l'intéressant. Car, en ce moment, l est du devoir de tout Français qui se rend à l'étranger, d'ouvrir ses yeux tout grands et ses oreilles, afin de rapporter à ceux qui doivent entendre et savoir, tout ce qui est indice, et tout ce qui est renseignement. Eh bien, avant de partir, M. Almereyda, en rentrant de Suisse, M. Duval, ont eu avec le ministère des Affaires étrangères le contact, la conversation qu'ils devaient avoir.* »

Impossible, on l'avouera, d'être plus catégorique. Il résulte de cette déclaration de Me de Monzie, qu'Almereyda était accrédité, ainsi que Duval, au cours de ses missions en Espagne et en Suisse, et qu'il ne faisait rien qu'avec l'assentiment du gouvernement, en l'espèce du ministre de l'Intérieur, son bailleur de fonds Malvy.

(*Censuré*).

voici comment fonctionnait la tontine de trahison du *Bonnet Rouge*.

Marion s'occupait principalement des transactions avec les Allemands d'Espagne.

Duval — qui avait le prétexte de sa société des Bains de mer de San Stefano à liquider — allait recevoir en Suisse les subsides de la banque allemande de Mannheim.

Rabbat opérait en Suisse, où des officiers allemands lui remettaient les titres volés en territoire occupé, qu'il se chargeait d'écouler en France.

Henri Guilbeaux préparait en Suisse les mutineries militaires de mai et de juin 1917, qui se produisirent sur le front français, et le bolchevikisme russe.

Gaston Routier s'occupait en Espagne à cuisiner les déserteurs français et à l'organisation de la propagande allemande. Il se tenait en étroites relations, d'une part avec le prince de Ratibor et l'attaché naval allemand von Krohn, de l'autre avec les anarchistes révolutionnaires de Barcelone et de Lérida.

Landau et Goldsky s'adonnaient de préférence à l'exploitation des financiers allemands, autrichiens ou proallemands demeurés et trafiquant à Paris. Landau obtint en outre une mission pour lui-même en Grèce et une pour sa maîtresse en Espagne.

Almereyda enfin reliait les uns aux autres ces différents comptoirs de défaitisme et de trahison et veillait à la répartition des bénéfices, sur lesquels il prélevait la part du lion. Tel est le schéma général. Je m'en vais maintenant entrer dans quelques détails. Non dans tous. Il y faudrait la substance de plusieurs volumes. *Le Bonnet Rouge* est le plus étonnant exemple d'un organe, allemand d'inspiration, vivant mi-partie de subsides allemands, mi-partie de fonds secrets du ministère de l'Intérieur et du ministère de la Justice français, réussissant, pendant trois ans de guerre, à braver les révélations des patriotes et à obtenir contre eux une condamnation. Ce serait risible, si ce n'était tragique. Car on ne saura jamais à combien de milliers de nos compatriotes la scélératesse d'Almereyda et de ses compagnons a coûté la vie, combien ces misérables ont causé de morts par surcroît. C'est l'abîme sanglant; on n'ose s'y pencher. Il m'a hanté pendant des jours et des nuits, à tel point que maintenant encore il m'arrive de me réveiller en sursaut, croyant que le cauchemar n'a pas pris fin.

Marion, je vous l'ai dit, était un bambocheur et un filou. Secrétaire du syndicat des Bistrots, il ne dédaignait pas à l'occasion de prendre une bonne cuite et cette propension inquiétait Almereyda, qui redoutait ses bavardages. Par ses amis de l'Intérieur et de la Préfecture, le bandit du *Bonnet Rouge* lui obtenait un passeport en deux heures : le temps de le demander. Marion, en général, s'arrêtait en chemin à Bordeaux et rendait visite à des personnages équivoques sur le compte desquels je ne suis pas encore complètement fixé. Il ne faut pas oublier que Karl Ficke, agent des « gebrüder Mannesmann » au Maroc, était en même temps négociant en vins à Bordeaux, à la veille de la guerre, et qu'un Karl Ficke a sûrement laissé des vestiges et des connivences dans une ville aussi importante. C'est dans le coffre-fort de Karl Ficke à Casablanca qu'a été découverte une correspondance des plus compromettantes, sur laquelle j'aurai l'occasion de revenir.

Une fois à Saint Sébastien, Marion, sans se troubler, s'abouchait avec le consulat allemand. Almereyda avait su le persuader de son omnipotence, garantie d'une complète impunité. Un complice inquiet lui disait quelquefois : « Vous allez trop fort, vous vous ferez pincer et cela en entraînera d'autres. » Marion riait et, en signe d'insouciance, laissait à l'ennemi sa carte de visite. Il en avait fait bien d'autres au cours de sa mission en Amérique, au début de la guerre !

Duval, Émile-Joseph, dit « Darbourg », dit « Mondor », le plus rusé de toute la bande, était aussi celui qui devait la faire pincer et en délivrer la patrie en guerre. Ces choses arrivent. Après avoir fait d'assez bonnes études, il entra le 22 mars 1886 à l'Administration de l'Assistance Publique, à Paris, en qualité d'expéditionnaire. Le 1er août 1887, il était mis en demeure de démissionner. Il fonda plusieurs journaux financiers, réussit à se faufiler dans la confiance de quelques conseillers municipaux et politiciens, traversa les milieux nationalistes et rencontra sa vraie vocation le jour où, devenu premier administrateur d'Almereyda, il se donna comme tâche d'aller en Suisse périodiquement recueillir les fonds allemands. Il a prétendu depuis qu'il renseignait le gouvernement français. Le prétexte du contre-espionnage est l'habituel paravent des gens de son espèce. Sans doute jouissait-il de la confiance d'une certaine police, au même titre que ses amis du *Bonnet Rouge*. Mais les quelques centaines de francs qu'on lui versait, paraît-il, pour ses falots « rapports », pesaient peu à côté des centaines de mille francs dont l'arrosaient Marx de Mannheim et Rosenberg. Il rendait à l'ennemi des services considérables. En dehors des articles signés « M. Badin », dont on trouvera des échantillons saisissants dans l'ouvrage de Sancerme, il assumait, vu sa dextérité, les missions les plus périlleuses.

(Censuré).

Ce n'était qu'un an plus tard, le 14 mai 1917, que Duval, revenant encore de Suisse, était cette fois signalé au capitaine Bessières, qui se trouvait à Bellegarde, fouillé et pris la main dans le chèque.

Rabbat avait été longtemps le compère d'un escroc connu du nom de Zucco, auquel échut cette aubaine extraordinaire d'être chargé, au début de la guerre, d'une mission en Italie. Toujours par la protection d'Almereyda ! Mais Rabbat, désirant voler de ses propres ailes, si j'ose dire, s'était, au cours des hostilités, spécialisé — à cause de son intimité avec le prince Max de Saxe — dans le trafic des titres volés par les Allemands aux habitants de nos départements du Nord. Il les écoulait, paraît-il, ces titres, avec une remarquable facilité, grâce à l'ancienne clientèle de sa « banque » de la rue Laffitte et il payait un tant pour cent sérieux aux Boches. Le gouvernement suisse ne consentit à l'extrader, pour vol et abus de confiance, qu'à la condition qu'il ne serait pas poursuivi sur le fait d'intelligences avec l'ennemi. Ceci prouve la veine de Rabbat. Il ne faut pas désespérer de le voir reparaître dans quelques années, sous un autre nom, comme boursier ou agent de publicité, peut-être encore en association avec Zucco.

Il n'est pas de meilleur moyen de donner un aperçu de Jacques Landau que de le faire se présenter lui-même. Entre diverses élucubrations sorties de sa plume de maître-chanteur, j'accorde la préférence à celle-ci, qui fut adressée aux abonnés de son « agence », quelques jours avant son arrestation, et qui peut être considérée comme son chant du cygne. C'est presque aussi joli que le testament politique d'Almereyda :

AGENCE PRIMO

4 septembre 1917.

Monsieur,

En réponse aux abominables calomnies dont je suis l'objet, je crois de mon devoir de donner à mes amis et à mes confrères les explications suivantes :

J'ai collaboré au journal *le Bonnet Rouge* pendant treize mois aux appointements mensuels de 400 francs. En dehors de très nombreux articles que j'y ai publiés sur le projet de loi relatif aux nouvelles visites des réformés, il n'a paru de moi que cinq articles de reportage dont l'un sur l'effort britannique et l'autre à la mémoire des Parisiens notoires tombés au champ d'honneur. Je suis resté totalement étranger à la direction, à l'administration et aux polémiques du *Bonnet Rouge*.

J'ai quitté ce journal au mois de décembre 1916, ainsi qu'en fait foi, en dehors de ma lettre de démission, la comptabilité du journal puisqu'à partir de cette époque, j'ai cessé naturellement de toucher mes appointements. Malgré mon départ, je n'en ai pas moins continué mes relations de camaraderie avec Miguel Almereyda, et ce n'est pas aujourd'hui que je renierai une amitié qu'étaient venues renforcer les attaques d'adversaires sans scrupules dont il est la victime.

Quant à l'agence *Primo*, elle est la continuation de mon *Je Dis tout* fondé en 1907 et qu'au lendemain de ma première réforme en 1915, j'avais transformé en une feuille quotidienne, dactylographiée au duplicateur. Tous ceux qui me connaissent ont suivi mes efforts et savent quelle persévérance il m'a fallu pour développer, dans des circonstances critiques, cet organisme de défense républicaine. Chaque amélioration que j'y ai apportée, chaque meuble même de mon modeste bureau, représente une somme de travail personnel. Mes collaborateurs sont les témoins de mon labeur quotidien, que le succès était d'ailleurs venu récompenser.

Le 1er mai 1917, paraissait le premier numéro de *la Tranchée Républicaine* installée dans les bureaux de *Primo*, 5, rue Grange-Batelière. Je m'étais associé, pour la publication de ce journal hebdomadaire, avec M. Jean Goldsky qui était libre de toute attache et qui venait d'abandonner la rédaction en chef du *Bonnet Rouge*.

La Tranchée n'a eu avec *le Bonnet Rouge* aucun lien d'intérêt, ni aucune solidarité politique. Tandis que *le Bonnet Rouge*, ministériel, soutenait la politique de M. Ribot, *la Tranchée* combattait cette même politique.

J'affirme de la façon la plus formelle et je suis

prêt à prouver irréfutablement, que je n'ai touché ou encaissé ni directement ni indirectement de M. Duval, aucun don, aucune libéralité, aucune commission, aucune subvention, pas plus à titre personnel qu'au titre d'administrateur du journal *la Tranchée,* dont j'ai assuré la fondation de mes deniers personnels. J'ai en effet, au fur et à mesure des besoins, versé à la caisse de ce journal, une somme de 13 000 francs et j'ai fait en trois mois et demi d'exploitation un maniement de fonds s'élevant à environ 40 000 francs, représentés exclusivement par les abonnements, la vente au numéro (messageries Hachette et crieurs) et la publicité régulière. Le dernier numéro de *la Tranchée* s'est vendu à près de 45 000 exemplaires.

Les accusations fausses, mensongères et calomnieuses dont je suis l'objet de la part de Léon Daudet dans *l'Action Française*, sont la rançon de la campagne que, pendant quinze années, j'ai menée pour la République et la défense des chefs du parti républicain contre les sinistres cuistres de la camelote royaliste. Ils profitent aujourd'hui de ce qu'ils croient être une occasion propice pour abattre un adversaire dangereux, et ils ne rougissent pas, pour satisfaire leur haine personnelle et leur passion intéressée, à accabler un Français sous la calomnie la plus abjecte — celle d'intelligence avec l'ennemi. Voilà aujourd'hui, l'arme de la réaction!

Naguère, M. Charles Maurras me provoquait en duel avec l'espoir de me tuer. Aujourd'hui, il m'insulte ou me fait insulter par son acolyte.

J'ajoute que je ne suis pas morphinomane et que j'attends avec confiance, par le triomphe de la vérité, ma justification et la confusion de mes calomniateurs. Quant à leur châtiment, ce soin me regarde.

Si je suis sorti de la réserve que je me suis imposée en attendant que sonne l'heure de la justice, c'est pour apporter ces explications sincères et prouver à mes amis et confrères que je n'ai pas démérité de leur estime.

Signé : JACQUES LANDAU.

Vous me direz qu'un rien m'amuse, mais je trouve à cette explication de caractère du beau-frère de Ladislas Heftler une saveur comique. Pour la menace, voici : le premier jour de ma déposition devant le capitaine Bouchardon sur l'affaire Malvy — début d'octobre 1917 — je montais avec satisfaction l'escalier qui, de la galerie de gauche du Palais de justice, mène au troisième conseil de guerre. Un amour de petit chien, nommé Planton, gambadait et jappait dans mes jambes. Des gendarmes aux bonnes figures franches passaient et repassaient, portant des plis cachetés. Un journaliste s'approcha de moi : « Vous savez ce qui arrive à Landau ?

— Non, pas du tout,

— En apprenant que vous veniez déposer chez le juge, il vient de piquer une syncope. »

Je répliquai : « Il y a de quoi. »

(*Censuré*).

Le père de Landau, mort récemment, était entré au service du baron de Gunsbourg, sujet russe, demeurant à Saint-Germain-en-Laye, ayant-pied-à-terre à Paris, dont il administrait les biens. A l'ouverture des hostilités, le baron de Gunsbourg, se trouvant au camp de Karlsbad, fut pris comme otage par les Allemands. On prétendit qu'il avait été dénoncé comme violemment germanophobe par son intendant, Landau père. Un cousin de Landau père, officier de uhlans, séjournait chaque année à Paris et passa notamment dans la capitale la période de février à avril 1914. Le directeur de *Je Dis tout*, de *Primo* et de *la Tranchée Républicaine* ne dérogeait donc pas. Quant à son beau-frère, Ladislas Heftler, soi-disant expulsé de Berlin, afin de mieux jouer son rôle, il avait conservé toutes ses relations avec les Allemands de l'ambassade, où il était reçu en familier.

Je note ici, pour mémoire, que d'étroites

relations existaient entre la famille Landau, le baron Heftler et l'agent allemand Jacques Rosenthal, dit Jacques Saint-Cère, espion notoire au service de la police berlinoise, condamné par défaut à Paris le 7 août 1879 à treize mois de prison pour escroquerie et abus de confiance, rédacteur de la rubrique *Politique étrangère* au *Figaro* de Magnard et de Rodays, pincé dans l'affaire Max Lebaudy et protagoniste sournois chez nous, pendant une dizaine d'années, de la politique bismarckienne. Comme on le voit, plusieurs cas de trahison caractérisée de la guerre de 1914 ont leurs racines dans l'entre-deux-guerres et dans les extraordinaires facilités accordées, malgré la leçon de 1870-1871, à des étrangers plus que suspects de cette période d'affaissement national. Jacques Landau, commerçant avec l'ennemi, continuait la tradition.

Henri Guilbeaux, compagnon et complice de Lénine, qui s'employa, sous les faux noms que j'ai dits, à fomenter de Suisse les mutineries militaires de mai et de juin 1917, prévoyait celles-ci dans le numéro de mai 1917 de sa revue *Demain* (p. 57). C'est un document accusateur, en ce sens qu'il montre la besogne à laquelle se livrait, plusieurs mois à l'avance, la bande du *Bonnet Rouge*. Brouillé avant la guerre avec Almereyda, Guilbeaux s'était réconcilié avec lui. Il a avoué depuis publiquement qu'il avait eu recours à ses bons offices, — c'est-à-dire à ceux du ministère de l'Intérieur, — quand réformé opportunément à Saint-Brieuc, sans être jamais allé au front, il obtint aussitôt un passeport pour Genève. Voilà donc ce qu'annonçait Guilbeaux, sur la foi de ses correspondants de la zone des armées : « Malgré tout ce que l'on peut « dire — et je ne crains aucun démenti — le « front est gagné par l'esprit révolutionnaire; « des soldats se rendent en cortège devant « leurs officiers, de nombreux soldats chantent « l'*Internationale* et d'autres chants de révolu- « tion et des drapeaux rouges sont déployés; « on pétitionne dans les tranchées contre une « nouvelle campagne d'hiver et l'on fait circu- « ler des listes demandant la constitution de « comités d'ouvriers et de soldats. » Ces lignes criminelles ont fait verser du sang français en surcroît de celui répandu au cours des batailles. Il importe qu'elles ne soient jamais oubliées et que leur publication constitue, pour leur misérable auteur, un premier châtiment, en attendant l'autre.

Le 29 mai 1917, ayant mis au point son travail pour les mutineries militaires, Guilbeaux demandait au consulat de France, à Genève, sous son nom cette fois, un passeport pour Petrograd, via Paris et Stockholm. Il donnait, comme référence à Paris, le député Jean Longuet, à Stockholm le maire, et à Petrograd Lénine. Le consulat refusa. La déception du traître fut grande et elle s'exprima imprudemment... Or, nous venons d'apprendre récemment, par un article du journal *la Liberté*, que le 12 février 1917, le directeur de la Sûreté générale d'alors, M. Hudelo, depuis nommé Préfet de Police, puis préfet de la Loire-Inférieure, avait adressé au même Jean Longuet, une lettre, d'ordre de Malvy, ministre de l'Intérieur, commençant ainsi « Monsieur le député et cher collègue » et décernant à Guilbeaux un brevet de civisme et de patriotisme français !

Il faut ajouter que la femme de Guilbeaux, venait de Genève en France, une fois sur deux et jouissait des mêmes facilités que lui.

De cette troupe hétéroclite quant à ses origines, homogène quant à son but, le lien, je le répète, c'est Almereyda. Il n'est tel, pour le voir à l'œuvre, que de se représenter une de ses journées. Je le ferai en m'entourant de tous les documents authentiques et en ne reliant entre eux que des faits appuyés sur des témoignages. Paris est effectivement une ville de verre, où l'homme qui joue un rôle public parvient malaisément à se dissimuler. Du reste, le directeur du *Bonnet Rouge* n'y tâchait point. Fier de son omnipotence et de sa richesse soudaines, heureux d'afficher sa fortune politique, ses maîtresses, ses amis en place, ses automobiles, il circulait, la badine à la main, la menace à la bouche, dans les endroits de jour et de nuit les plus fréquentés, rudoyant les huissiers, les journalistes, les députés et faisant sonner son importance. Le grelot de sa trahison faisait un bruit d'enfer, qui m'a permis de le suivre à la piste pendant trois ans. Il n'a déçu ma prévision que sur un point : je pensais qu'il finirait au fossé de Vincennes. Il a fini à la prison de Fresnes et dans son lit, de façon tragique il est vrai.

C'est l'été de 1916. Il fait beau. Le bandit, qui dirige le *Bonnet Rouge* et commande la haute police française, se réveille tard, dans sa villa de la rue Gaston-Latouche à Saint-Cloud.

La veille, en compagnie d'un de ses « grands amis » et d'un autre, il a passé une partie de la nuit dans un lupanar tenu par une femme suspecte, maîtresse elle-même d'un officier allemand, aujourd'hui à la Kommandantur de Lille. On a bu, on a joué, on a dansé le tango. Mais la chevelure de bois ne résiste pas à une bonne petite piqûre de morphine. Avec l'euphorie, Almereyda reprend confiance dans son étoile. Sa journée est chargée en devoirs et en plaisirs. Son auto l'attend à la porte, une « Ostein » achetée la veille à Courbevoie, magnifique et confortable, la V. 6183

Ici j'ouvre une parenthèse : des nombreuses autos, achetées puis revendues par Almereyda, il en est une qui mérite une mention spéciale : la Renault n° 9139. I, cédée en 1914 par une dame G..., habitant rue Duhesme, vendue en juillet 1915 au docteur Socquet. C'est en effet ce médecin légiste qui, deux ans plus tard, en août 1917, devait faire l'autopsie d'Almereyda. Les Bretons appellent cela un intersigne.

Le garage est dirigé par un certain Maurice F..., marié à la sage femme Laure M.... Le chauffeur n'est plus l'Algérien, passé au service du consul d'Espagne. C'est un brave garçon, fourvoyé dans ce milieu d'apaches nantis et qui note avec un souci d'exactitude ce qu'il entend et ce qu'il voit. « Rue Desrenaudes », lui jette Almereyda, en sautant dans sa limousine. Il ajoute : « Je n'oublie pas que je te dois six mille francs, Édouard, je te les paierai plus tôt que tu ne crois. »

Au 53, rue Desrenaudes, se trouve un petit hôtel élégant, loué par le fastueux ancien secrétaire général de la *Banque Internationale de Commerce de Pétrograd.* Almereyda, qui a pénétré les secrets de ce bizarre trafiquant d'armes et d'explosifs, le fait chanter méthodiquement. Il a comme cela quelques « copains » qui ne peuvent rien lui refuser, un Rothschild, Charles Humbert, le Syrien Rabbat, Cahen de Caïffa, Francfort, d'autres encore. Le gros Alexandre enverrait volontiers ce directeur à tous les diables, mais comment éconduire un garçon qui a dans la manche tous « ces messieurs » de la place Beauvau et de la Préfecture? Car Alexandre Raffalovich a le respect de la police, le goût des passeports pour la Suisse, la confiance du ministre russe Protopopof, complice de Stürmer, et la folie du homard à l'américaine. Rue Desrenaudes, c'est son installation avouée et conjugale. A côté, rue Laugier, il possède un second appartement pour ses fredaines et ses affaires, toujours un peu mystérieuses. Chaque jour, le jeune Pierre Lenoir, fils dégénéré du grand agent de publicité financière cher à Caillaux, casé par le capitaine Ladoux — du 2e bureau de renseignements — au contrôle télégraphique, apporte à Alexandre Raffalovich les derniers tuyaux officiels. Almereyda n'ignore pas ce détail et il a fait comprendre au financier russe que Lenoir et lui risquent gros à ce petit jeu. Car on n'hésite pas, au *Bonnet Rouge* à dénoncer, le cas échéant, les camarades qui ne marchent pas droit; Harry Goddard, marchand de stupéfiants, en sait quelque chose.

Il est midi quand Almereyda, dûment lesté de quelques billets de banque, sort de chez Alexandre Raffalovich : « Édouard, c'est le moment de briller. » Au bar discret, où la patronne fait partie, elle aussi, de la bande, il retrouve Jacques Landau qui est gourmand, l'amie de Landau, retour de sa mission en Espagne, où lui fut confiée la valise diplomatique, Goldschild, dit Goldsky, et deux ou trois autres. Champagne sur toute la ligne : « Qu'avons-nous dans le numéro de ce soir? »

Car P..., dit « Clairet », était souffrant hier et c'est Goldsky, « le général N. », qui a remplacé l'avorton. — Ce soir? Un article de tête contre l'Angleterre, commandé par la banque de Mannheim; un « A bâtons rompus » de monsieur Badin, c'est-à-dire de Duval...; un filet stratégique du général N...; une soirée parisienne. » Mais « le patron » déjà n'écoute plus, tout aux avertissements mystérieux que lui glisse dans l'oreille un autre oiseau juif de malheur, avec un profil de chouette géante et des yeux durs. Il s'agit d'un coup superbe, d'une dame de la haute, ex-maîtresse d'un roi, qui s'est aventurée dans un tripot, où on se propose de la dévaliser en cinq secs. Une affaire de cent mille balles! On partagera. C'est dangereux sans doute, à cause du monsieur qui surveille les intérêts de la dame, mais bah! qui ne risque rien n'a rien. Et puis c'est tout de même moins fatigant que de courir en Espagne ou en Suisse, avec des autorisations en règle, c'est entendu, mais aussi avec la venette perpétuelle d'être arrêté à la frontière par suite d'une confusion de consignes. Il y a notamment à Bellegarde des types suspects de ne pas adorer *le Bonnet Rouge*, des réacs.

— Nomme-les-moi, que je les fasse dégommer ce soir même.

— Ce n'est pas le moment... Acrès... parle plus bas, fait tout à coup Landau, en désignant un consommateur inconnu qui vient de faire son entrée dans le bar, et qui semble prêter l'oreille.

En sortant de là, on va 14, rue Drouot, aux bureaux du journal. C'est l'heure de la seconde piqûre et pour rien au monde Almereyda, qui bâille déjà depuis quelques minutes, n'attendrait davantage. Le bureau des « renseignements militaires » est plein de soldats qu'un employé stylé trie sur leur mine, adressant à « monsieur Goldsky » ceux qui paraissent susceptibles de fournir quelques bons tuyaux, ou de servir à la propagande. Car, chaque jour, partent pour la zone des armées des ballots énormes du *Bonnet Rouge*, non échoppés par la censure, reproduisant assez fidèlement les arguments de la *Gazette des Ardennes* et que des vendeurs et distributeurs spéciaux mettent sous le nez des poilus, en leur disant : « C'est le journal du Ministère de l'Intérieur, le seul qui ne bourre pas les crânes. Si tu veux avoir la paix bientôt, lis ça et réfléchis. C'est pur jus. » Ainsi le poison imprimé circule et accomplit sournoisement ses ravages.

Almereyda cependant reçoit, c'est-à-dire qu'il détrousse un certain nombre de ses « protégés » venus pour solliciter son tout-puissant appui. L'un a besoin d'un passeport, l'autre désire faire lever un arrêté d'expulsion pour un camarade. Celui-ci demande une fourniture militaire, celui-là un permis de séjour. Le bandit écoute distraitement. Ce qui l'intéresse, c'est la conclusion du marché, la somme à toucher, et rapidement. Quelquefois, quand le type le chatouille au bon endroit de sa vanité, il se laisse attendrir et consent un rabais philanthropique. Dolié dit de lui : « Il est trop bon. Il se laisse conter des boniments. » Minute ! Le rédacteur en chef P..., dit « Clairet », la bouche tordue dans sa figure chiffonnée, étroite et pâle, remis de son indisposition passagère, vient soumettre un projet d'article pour le numéro du lendemain. La sonnerie électrique retentit : « Allo, Allo... oui, c'est moi,... Ça va, vieux ?... A dix heures, si tu veux. Amène ta poule, j'aurai la mienne... très rigolo, merci, à tout à l'heure !

— C'est *lui* — dit Almereyda à « Clairet », lequel bredouille respectueusement. *Lui*, c'est-à-dire le grand, l'indispensable protecteur, sans lequel l'existence serait précaire et le gendarme à redouter.

Mais une voix féminine déclare : « Fiche-moi la paix... J'entrerai plutôt de force ! » C'est une toute jeune femme, mince, assez jolie, blonde, Émilienne, qui a un mot à dire à Miguel...

Le soir à dîner, rue Spontini, le directeur du *Bonnet Rouge* reçoit des amis politiques, un préfet, deux députés collaborateurs, un croupier, un fournisseur militaire et un attaché de cabinet. La bombance vient de chez le traiteur voisin, attendu que les deux cuisinières ont rendu simultanément leurs tabliers, lasses d'attendre leurs gages du mois dernier. On les réglera chez le juge de paix. La conversation roule sur les sujets du jour, les inquiétudes que donne le gouvernement, au point de vue des prébendes et privilèges, la trop grande flexibilité d'un tel « sur lequel on ne peut jamais compter », les promesses non tenues, la date du prochain comité secret.

— Si le gars résiste, je le dresserai, prononce Almereyda.

La porte s'ouvre. Un « Monsieur très bien », confit en politesse, s'excusant de son retard, apparaît : c'est Duval, dit Darbourg, dit Mondor, premier administrateur du *Bonnet Rouge*. Il fait le tour de la table, serre les mains, s'assied, reçoit avec modestie les compliments que lui vaut la verve de bon aloi de « monsieur Badin. »

— C'est tapé!

— C'est envoyé!

— Briand le sentira passer... qu'est-ce qu'ils prennent les jusqu'auboutistes!

Duval parle d'un ton modéré, en bon papa grisonnant, qui connaît les dessous et auquel on n'en fait pas accroire. Selon lui, ce qu'il faudrait, pour terminer rapidement la guerre, c'est une bonne succession de grèves perlées, susceptibles de dégénérer en petites émeutes. Mais ce n'est pas commode à organiser. Les ouvriers d'usines touchent de forts salaires et sont contents de leur sort. Puis les gens sont naturellement lâches et redoutent les rigueurs de l'état de siège. Almereyda, qui a bu et mangé, malgré le vague à l'âme de l'opium, l'écoute avec une déférente attention. Duval a des lettres. Il est bachelier. Il est calé. En outre, il a de la jugeotte, il ne s'emballe jamais, il manie des centaines de mille francs que lui refilent les Boches tous les deux ou trois mois et il n'a rien changé à son train de vie de bon petit bourgeois de Courteline. Mais, après le repas, la glace, le café et les petits verres, le bandit commence à s'ennuyer et à bâiller. Il a rendez-vous rue de l'Arcade, un rendez-vous joliment huppé !

Sur ce qui suit, jetons un voile. Il y faudrait la plume de Pétrone, et le moment n'est pas encore venu où l'on pourra tout raconter.

CHAPITRE VII

CE QUI MENAÇAIT LE PAYS

Aujourd'hui que la bande du *Bonnet Rouge* a été déférée au Conseil de guerre, en compagnie du principal partisan du rapprochement franco-allemand, Joseph Caillaux, et que la gestion de Malvy, ancien ministre de l'Intérieur, est l'objet d'une enquête de la Haute Cour, il est possible de jeter un coup d'œil d'ensemble sur la grande offensive à l'intérieur, menée contre la France par l'ennemi.

Cette offensive était triple : financière dans ses moyens, intellectuelle et pratique dans ses intentions. Il s'agissait, à l'aide de complicités habilement situées, de détruire l'union sacrée des premiers mois de guerre devenue chronique ; de suggérer la paix à tout prix, en exploitant la lassitude des civils et des combattants ; de provoquer des troubles dans le pays.

C'était le seul moyen de succès qui s'offrait aux Germains, déçus sur le terrain proprement militaire, et par la victoire de la Marne, et par la résistance épique de Verdun.

Essayons de nous mettre à leur place, de voir les choses sous leur angle et d'examiner comment ils s'y sont pris. C'est le procédé d'observation qui m'a permis de surprendre et d'entraver quelques-uns de leurs principaux agents ou auxiliaires. De même que le clinicien doit entrer dans la peau de ses malades, de même la vigilance patriotique doit s'insinuer dans les intentions de l'adversaire. Celles-ci étaient tirées de l'état de choses qui existait avant la guerre et sur lequel j'ai suffisamment insisté pour n'avoir pas à y revenir. Voir *l'Avant-Guerre*, *Hors du Joug allemand* et *la Vermine du Monde*.

Le gouvernement allemand se sera dit : « Nous avons manqué notre affaire, l'entrée à Paris en un mois et l'écrasement de notre principale ennemie, la France. Il s'agit de reprendre la lutte à pied d'œuvre, en utilisant et manœuvrant tous ceux qui, à un titre quelconque, servaient notre influence à Paris avant la guerre. Commençons donc par dresser une liste complète de nos amis ou auxiliaires, stipendiés ou non, banquiers, économistes, agents marrons, politiciens, journalistes, hommes d'affaires, industriels et commerçants, et faisons-les tâter par des hommes à nous, dans les cinq principaux pays neutres, en Amérique, en Suisse, en Espagne, en Hollande, en Suède. Opérons ainsi une sélection de ceux sur qui nous pouvons, maintenant encore, compter. Ceci fait, nous procéderons à une véritable offensive par le dedans, qui décomposera la nation française et la livrera à nos coups. »

La liste était facile à dresser. Nos ennemis savaient exactement quels étaient les chefs et les membres de ce que j'ai appelé le clan des *Ya*. Ce clan comprenait plusieurs étages, plusieurs degrés.

1° Les doctrinaires du rapprochement franco-allemand, ceux qui, impressionnés par le formidable étalage de force de notre voisine de l'Est, estimaient qu'il fallait quitter l'attitude d'hostilité ou de réserve vis-à-vis de Guillaume II, passer l'éponge sur l'Alsace-Lorraine et entrer dans l'orbite de l'Allemagne.

Certains de ces doctrinaires s'étaient repentis de leurs illusions dès le premier jour de la guerre et avaient fait montre aussitôt d'une germanophobie fort convenable et même zélée.

Le plus notoire était Gabriel Hanotaux (voir *Kiel et Tanger* de Maurras), le moins clairvoyant, sans doute, de tous nos ministres des Affaires étrangères de la troisième République, le plus satisfait de lui-même et aussi — (reconnaissons-lui ce mérite) — le plus prompt à retourner son bel habit d'académicien. Il faut lire et savourer l'article qu'il consacrait, dans la *Revue hebdomadaire*, deux jours avant l'ultimatum anti-serbe, à la politique autrichienne et à François-Joseph, « le Nestor des monarques ». Il faut lire aussi ses développements sur la Russie, dans son histoire au jour le jour de la Guerre européenne. Il faut enfin se rappeler que c'est lui qui avait eu l'idée de la conquête de Fachoda, destinée à nous mettre l'Angleterre sur les bras, et que c'était encore lui l'homme de Carnegie dans diverses entreprises telles que « le fonds des héros ». Enfin, Hanotaux s'est définitivement immortalisé en écrivant, dans *la Petite Gironde*, au moment de l'exode à Bordeaux (septembre 1914) que cette dernière ville serait désormais « notre citadelle ». Le discours de son successeur sous la Coupole est ainsi fait d'avance et, pour peu qu'il ait de l'humour, on ne s'ennuiera pas.

Si je note cela, ce n'est nullement pour

contrister Gabriel Hanotaux, patriote à sa manière, écrivain érudit, mais d'une extrême légèreté et totalement privé de caractère. C'est comme signe des temps absurdes — politiquement parlant — qui ont précédé la conflagration européenne. On en trouvera rarement, dans l'histoire, où la prévision ait été moins grande et le simple bon sens, dans les hautes sphères, comme dit Descartes, moins partagé. Je suis convaincu que, dans l'esprit de Hanotaux — qui se croyait en cela très malin — l'alliance russe était un pont vers le rapprochement allemand, un habile détour pour arriver au même but auquel tendaient, dans le même temps, des publicistes comme Ernest Judet.

2° D'autres doctrinaires germanophiles, avant la guerre, étaient les socialistes du groupe Jaurès, le plus puissant et le plus agissant au point de vue parlementaire. Qui était Jaurès? Un bourgeois de la génération de 1885 — je veux dire en pleine force vers 1885 — imbu de kantisme, de fichtisme, d'hegelianisme comme nous l'étions tous, à l'époque, puis ayant versé dans le socialisme, et que la métaphysique allemande avait rattaché, par des liens de plus en plus étroits, à la Sozialdemokratie. Son éloquence, aussi ré-lle que vaine, donna une immense portée à ses conceptions antiphysiques de paix dès à présent universelle, d'internationale immédiate et à tout prix, et de milices substituées aux armées permanentes. Son trépas, d'un si grandiose tragique, ne doit pas faire illusion sur la pauvreté de ses conceptions et sur leur funeste portée. Doué d'une cordialité puissante, d'une bonhomie généreuse et cultivée, il agit profondément sur son médiocre entourage et entraîna le socialisme français dans les voies dangereuses, semées de pièges, du socialisme germanique. Lassalle était impérialiste et pangermain; Karl Marx était spécifiquement allemand et la lecture de son « Kapital » suffit à le prouver. La Sozialdemokratie, en dépit de quelques exceptions sans portée, n'a jamais eu le caractère révolutionnaire que lui attribuaient nos jaurèsiens. Mais elle les entretenait dans leurs illusions. Ce que l'on peut dire de moins dur, c'est que, par le lien de Jaurès et de son groupe, le socialisme allemand, inefficace contre le militarisme prussien, agissait avec ténacité et bonheur contre l'armement français et coopérait à notre démantèlement. Abusés par leurs kamarades, nos « citoyens » ne croyaient pas à la guerre. On le vit aux élections de 1914, qui se firent contre la loi de trois ans et contre ce qu'il était de bon ton d'appeler alors « la folie des armements ». Un certain Poncet, nommé d'ailleurs député, avait dessiné une vignette représentant, sous ce titre, un gros et brutal officier de cuirassiers français, qui fichait son sabre en terre à côté d'un civil anémié et débilité. Belle préparation à la guerre imminente !

Tout le monde peut se tromper, me direz-vous, mais il est dur de reconnaître que l'on s'est trompé. Aussi, passé le premier bon mouvement d'union sacrée, un certain nombre de socialistes, chérissant leur erreur meurtrie — et d'autant plus qu'elle était plus meurtrie — cherchèrent des explications baroques, mères de nouvelles erreurs, à une guerre voulue par toute l'Allemagne. Ils l'imaginèrent menée par l'Empereur et les hobereaux contre la volonté du peuple allemand. Ils complétèrent cette fable par une autre, d'après laquelle il s'agissait d'une « lutte finale » des démocraties contre l'impérialisme. Les démocraties étaient l'ange qui terrassait le démon de Potsdam. Le biais des primaires échauffés nous ramenait à la mythologie et à la mystagogie primitives, dans le jargon du droit et de la force, emprunté au pire libéralisme. Dieu sait ce qu'a coûté de sang et de larmes la formule du Droit vainqueur par essence, en tant que Droit, de la brutalité armée jusqu'aux dents. Inutile de fondre des canons et de lever des régiments quand on a le bon droit pour soi.

De telles chimères, indéfiniment répétées, ont fini par troubler, dans certaines cervelles populaires et bourgeoises, la notion saine de l'infamie allemande de l'agression préméditée et de la nécessité d'une victoire complète sur ces brutes pour reconquérir la sécurité. Sans doute, la paix est un grand bien, le premier de tous. Mais, avec un voisin tel que l'Allemagne, on ne conquiert ce bien que par les armes, nullement par la persuasion des beaux discours ou les admonestations en règle. *Germanos ad praedam.* Ils sont les mêmes que du temps de Tacite, prêts à reconnaître le bon droit de celui qui leur flanque une bonne pile, insolents et insatiables aussitôt qu'ils entrevoient de nouveau l'impunité.

Dans son remarquable ouvrage *L'Internationale et le Pangermanisme*, Edmond Laskine nous montre Müller, émissaire de la Sozialdemokratie allemande, député au Reichstag.

membre du Partei vorstand, débarquant à Paris, le 1er août 1914 et se présentant devant le groupe socialiste parlementaire réuni au Palais-Bourbon. La veille, Viviani, président du Conseil, avait décidé de faire retirer nos troupes à huit kilomètres en deçà de la frontière, afin de faire, devant les neutres et le monde civilisé, la preuve de notre volonté de non-agression. Müller approuva fort cette mesure, où je vois, pour ma part, une funeste duperie, déclara solennellement à ses camarades français que les sozialdemokrates allemands voteraient contre les crédits de la guerre, ou tout au moins s'abstiendraient, mais que « la seule hypothèse à ne pas envisager était celle d'un vote des socialistes allemands en faveur des crédits de guerre. » (Das mann für die Kriegskredite stimmt, halte ich für ausgeschlossen.) C'était un traquenard concerté avec le grand état-major et l'Empereur. Trois jours après, bien entendu, les crédits de guerre étaient votés à l'unanimité par les députés socialistes du Reichstag.

Je cite ces faits pour montrer à quel point le gouvernement français, et les socialistes qui le manœuvraient, étaient à ce moment-là éloignés du véritable esprit d'une pareille guerre. C'est sur un terrain préparé par des cerveaux légers, ou des partisans entêtés dans leurs chimères, que se développa une disposition singulièrement propice à tous les abandons et aux pires tractations. Je l'appellerai, cette tendance, le caillautisme, du nom de son principal représentant.

3° Joseph Caillaux, ou le dévoyé par orgueil, est le type même de la fausse route. Il y a en lui du Coriolan, tel que nous l'a peint Shakespeare ; mais c'est un Coriolan sans grandeur, et comme rabougri par une compétence uniquement financière que nul ne songe à lui contester. Je ne l'ai jamais rencontré. Je ne connais pas le son de sa voix. Je n'ai sur lui, comme disait mon père, que les récits du voyageur, incertains et contradictoires. Je n'hésite pas à le ranger cependant parmi les « hérédos » de première grandeur, tels que je les ai définis dans l'ouvrage portant ce titre, bien doués sur certains points, sur d'autres lacunaires et rongés vivants par un orgueil injustifié. En outre, il est le type même du parlementaire, vivant en vase clos, se consolant de son impopularité par la camaraderie, et prenant pour l'aristocratisme une certaine ridicule morgue, fort conciliable avec la pire complaisance électorale. Tel quel, Caillaux avait conçu — et il n'était pas le premier, mais il fut le plus maladroit — une entente franco-allemande assez semblable, sous des apparences raisonnables, à l'entente du chat et de la souris. La guerre vint bouleverser ses projets. Il se tint tranquille pendant quelques mois, puis, sondé par d'innombrables agents que l'Allemagne entretient en pays neutre, tenté par le désir de jouer un grand rôle, il commit les imprudences graves dont il a à répondre aujourd'hui devant la justice militaire.

Dans les quelques jours qui se sont écoulés entre son inculpation et son accusation, cet homme étrange a eu un cri du cœur qui m'a frappé, quelque chose comme ceci : « La réputation même qu'on m'avait fabriquée faisait de moi le point de mire de personnages louches. Je n'ai pas su me défendre suffisamment contre leurs avances. » C'est bien sa pire faute d'avoir agi de telle sorte qu'on le considérât comme accessible aux émissaires et aux propositions de l'ennemi. Jamais il ne serait venu au gouvernement allemand la pensée de tâter Maurras ou Barrès.

Ce serait ne pas connaître les Allemands

que de les supposer capables de ne pas chercher à rejoindre Caillaux et le caillautisme au cours de la guerre, après leur déconvenue de la Marne. Mais, ce qui me stupéfie, c'est que Caillaux ait pris le truchement d'un Almereyda, ait lié partie avec le bandit du *Bonnet Rouge*, traité par lui familièrement de « cher ami ». Je fais certes une différence entre Caillaux et Malvy. Le cas de Malvy réclame un ouvrage à part, où je reproduirai l'essentiel de ma déposition devant la Haute-Cour. Comment Caillaux n'a t-il pas entrevu la pente redoutable où il s'engageait dans un compagnonnage de cet ordre ? Comment la qualité même des gens qui entraient dans ses vues, par cupidité et scélératesse toutes pures, ne l'a-t-elle pas mis en garde contre lesdites vues? Comment n'a-t-il pas été dégoûté de son plan par ceux qui l'adoptaient à sa suite et par les moyens à employer pour le faire aboutir? Autant de questions auxquelles je ne puis trouver aucune réponse. Chaque être renferme sa part d'énigme, et je me mépriserais de proclamer la vilenie de tel ou tel, parce qu'il est mon adversaire politique. Mais l'énigme de Caillaux demeure entière après tout ce que nous savons et tout ce que nous entrevoyons de lui. Il y a, dans son attitude, un manque de bon sens qui stupéfie. Où diable mettait-il sa jugeotte et son observation?

Il y a une lueur dans ces ténèbres : la situation de paria influent que lui avait faite l'assassinat, par sa femme, de Gaston Calmette. Cet assassinat injustifiable n'avait nullement ébranlé son autorité politique, mais il lui rendait impossible une nouvelle accession au pouvoir. Or, le pouvoir était nécessaire à son ambition, à sa soif d'égards, à sa papillonne. Car si quelqu'un ne doit pas avoir de vie intérieure, ni jamais faire son acte de contrition, c'est bien lui. Ce faux conquérant ignore évidemment la puissance secrète de l'humilité, levier du monde. Les Allemands étaient trop renseignés sur son compte pour ignorer ce trait de son caractère. Ils en ont joué.

Au début de la guerre, les gouvernants français, qui sortaient d'en prendre, l'ont traité, ce gênant Caillaux, comme un gravier dans la chaussure. Ils ont cherché à le localiser, à le neutraliser, à ne pas s'occuper de lui, à l'ignorer. Mais lui, en dessous, s'occupait d'eux. Il avait dans sa main, en dépit de quelques nuages passagers, ce maître-chanteur consommé Almereyda, et sa bande de « musiciens de Brême » — disait Landau, musicien lui-même — qui lui persuadaient que nul n'oserait l'arrêter dans ses entreprises, quelles qu'elles fussent. Il n'avait même plus à craindre, — vu le fonctionnement bizarre, et sur ce point abusif, de la censure — la critique acerbe de journaux. Que de fois me suis-je vu biffer le nom de Caillaux, venant sous ma plume, même si ce nom n'était accompagné d'aucun commentaire!

— Allo, allo, nous vous demandons de supprimer, dans votre article, le nom de M. Caillaux.

— Allo... ne coupez pas.., mais c'est tout de même un peu fort : je sais, de source certaine, que votre M. Caillaux subventionne et inspire *le Bonnet Rouge*. Or *le Bonnet Rouge* fait un mal considérable. Vous autorisez le poison, mais vous interdisez le contre-poison.

— Je ne vous dis pas, monsieur... allo... Nous avons des ordres formels.

Si ces ordres n'avaient pas été aussi formels, Caillaux et Malvy, mis sur la sellette dans certaines circonstances importantes ou critiques, auraient eu moins de confiance dans leur impunité, et de sérieux dommages eussent été évités. A quoi bon récriminer? Ce qui est fait est fait. Je rappelle ces erreurs d'une censure par ailleurs indispensable, comme Maurras l'a cent fois établi, avec l'espérance qu'elles ne se renouvelleront pas. Elles ont coûté cher.

Ce qui est indubitable, quel que soit le degré de culpabilité matérielle de Caillaux, c'est que son nom a servi d'alibi à toutes les tentatives intérieures dirigées contre le moral de la France. Ces tentatives se sont poursuivies sans interruption, depuis la victoire de la Marne jusqu'au moment où le cabinet Clemenceau a pris le pouvoir. Elles ont subi des hauts et des bas. Elles ont atteint leur maximum d'intensité entre mars et juillet 1917. A ce moment-là, elles ont gagné la zone des armées et failli compromettre, ou du moins entraver pour longtemps, notre action militaire. Les dirigeants d'alors ont paru n'y voir que du feu. Je n'ai pas la prétention d'avoir tiré au clair tout le plan de l'ennemi; néanmoins je l'ai suivi dans ses grandes lignes et ce que je vais résumer ici est le fruit d'une longue et persévérante étude, conduite, je puis l'avouer, scientifiquement.

Une image, tirée d'événements récents, fera comprendre ma pensée : supposez qu'un monsieur doué d'observation, ignorant tout de la guerre aérienne, remarque, en se promenant dans Paris, que certaines œuvres d'art sont encapuchonnées de sacs de sable. Il en conclura qu'elles sont protégées, à cause de leur rareté et de leur beauté, contre un danger menaçant dont il conjecturera, avec plus ou moins de bonheur, la nature. Or, dès les premiers mois de la guerre, les personnes un peu au courant, qui séjournaient à Paris, remarquèrent avec stupeur qu'un protecteur mystérieux avait « encapuchonné », garé, ou suivant le terme consacré, embusqué une grande quantité d'individus précisément suspects en raison de leurs origines, de leurs antécédents judiciaires, ou de leurs allures douteuses. Il s'agissait ici non d'œuvres d'art, ni de personnalités rares ou précieuses, mais au contraire de sujets dangereux. Ce paradoxe bizarre appela tout de suite mon attention.

A quelques rares exceptions près, les gens du *Bonnet Rouge*, Almereyda, Guilbeaux et Cie, étaient ou réformés, ou versés dans des formations de l'intérieur, qui leur laissaient toute facilité de vaquer à leurs occupations. On sait quelles ont été, sur ce point, les explications de Malvy et des services de la

Sûreté générale et de la Préfecture de police : « Nous voulions avoir à portée de la main, et en quelque façon sous notre surveillance et à nos gages, des gaillards capables d'agir sur le monde ouvrier. » C'est une mauvaise plaisanterie. Entre un Almereyda et un Landau, rebuts de la pègre sociale, entre un Guilbeaux, intellectuel dévoyé, champignon vénéneux poussé sur le fumier de l'anarchie, et de véritables et authentiques chefs du mouvement ouvrier, il y a toute la distance de l'escarpe verni et pommadé à l'honnête homme et du souteneur au travailleur manuel. Ce prétexte, inventé pour les besoins de la pire des causes, ne tient pas debout. Mieux que quiconque, le ministère de l'Intérieur connaissait, par ses rapports et ses pelures — dont j'ai eu les doubles entre les mains —, les accointances réelles et les intentions véritables d'antimilitaristes aussi notoires qu'Almereyda, que Goldsky, que Landau, que Guilbeaux. Une enquête très bien faite et très détaillée avait signalé, dès avant la guerre, les relations d'Almereyda avec des agents allemands à la frontière espagnole (Ermitage du Coral, près Prats de Mollo), les frères Kiechle, de Vernet-les-Bains. Une autre enquête spécifiait le nombre de correspondances germanophiles et francophobes envoyées en cachette par Guilbeaux, dès 1912, à certains organes berlinois. Malvy avait ainsi sous la main la preuve des relations récentes d'Almereyda et de Guilbeaux avec la police allemande. Le devoir était de se méfier, non de se confier.

Sans doute, au début, le directeur du *Bonnet Rouge*, craignant pour sa peau, mit-il de l'eau dans son vin et feignit-il un révolutionnarisme cocardier, qui ne l'empêchait nullement de distribuer à tour de bras les permis de séjour et les laissez-passer à des espions authentiques. Il n'était pas possible d'être dupe de ces singeries, non plus que de la comédie sentimentalo-burlesque de Sébastien Faure. Dès les premières semaines de 1915, la lecture attentive du *Bonnet Rouge* permettait de se rendre compte de ce qui se passait dans les dessous de cette caverne, disposée et organisée expressément pour la trahison. La chose était encore plus frappante quand on comparait cette feuille, imprimée à Paris, à la *Gazette des Ardennes*, publiée en français par les Allemands à Charleville. La succursale de Paris suivait fidèlement l'impulsion de l'organe de pénétration germanique. Ce qui prouve que les officines communiquaient déjà souterrainement. Par quel canal? Je ne pense pas qu'aucune personne, un peu au courant, puisse conserver aujourd'hui le moindre doute à cet égard.

Un Almereyda, un Guilbeaux, un Routier, devaient, dans la pensée du gouvernement allemand, jouer chez nous, après quelques mois de guerre, les rôles qu'ont joués un Lenine, un Trotsky en Russie. Pour tenir cet emploi de dissolvant, de meneur, d'excitateur, le talent n'est pas nécessaire. Il suffit d'une certaine audace, jointe à un manque complet de scrupules et à des capitaux importants. Point n'est besoin d'agitateurs de premier plan. Des pantins tragiques, amplement rémunérés, suffisent.

En effet, une guerre qui dure dans un pays non préparé, comme la France de 1913, accumule forcément une multitude de maux, de rancœurs, de colères, de mauvais songes, de malaises vitaux, que la moindre perversité, en acte, en écrit, ou en parole, arrive bien vite à concentrer et à canaliser. J'ai dit qu'une première rumeur rendait « les riches, les nobles, les curés » responsables de la guerre. Une seconde, un peu plus tard, rejeta la faute de la catastrophe sur les écrivains patriotes. « S'ils n'avaient pas excité les Allemands par leurs stupides provocations chauvines, ceux-ci ne nous auraient jamais attaqués. » Telle était la thèse du *Bonnet Rouge*, de *Ce qu'il faut dire* et d'une dizaine de feuilles analogues, quotidiennes ou périodiques. Plus une semblable accusation est absurde, plus elle est crue aisément, si les patriotes, ainsi mis en cause, n'opposent pas une défense-offensive énergique, en rendant les coups pour les coups. La réussite des coquins n'a jamais eu qu'une cause : l'inertie des honnêtes gens. Pendant trois ans de pugilat quotidien avec la racaille subventionnée, nous n'avons pas nommé son canard une seule fois, nous l'appelions « le Torchon ». En revanche, nous ne lui laissions rien passer sans une riposte, de violence au moins égale à la sienne, au risque de fatiguer nos lecteurs de province, qui se demandaient pourquoi nous tapions, sur ce « Vigo » peu notoire, avec une persistance aussi drue. Ils ont compris depuis ! C'est une règle, en matière de polémique, de ne pas craindre de répéter les choses, de réfuter ce qui doit être réfuté, même quand votre contradicteur est un chenapan connu comme tel. Les journalistes conservateurs ont eu historiquement tort d'adopter, vis-à-vis des attaques, une attitude dédaigneuse et silencieuse qui encourage la pègre d'encrier. A *l'Action Française*, voici comment nous procédons : nous la laissons, cette pègre, vociférer et crier pendant quelque temps, comme en duel on observe son adversaire, afin de connaître son jeu. Ensuite nous commençons à avancer méthodiquement, tâtant le fer et poussant aux points faibles. Puis, c'est la riposte à toute volée, dans toutes les lignes et sans merci, jusqu'à ce que l'autre ait fait la culbute immanquable dans le fossé de la rage ou de la mauvaise foi. Je livre la recette à nos successeurs; seulement il faut l'appliquer sans une défaillance et sans écouter les conseils des personnes timorées qui murmurent : « Les chiens aboient, la caravane passe. » Quand on rosse les chiens copieusement, la caravane passe encore bien mieux.

Il est malheureusement certain et démontré que *le Bonnet Rouge* avait trouvé des auxiliaires et des défenseurs imprévus dans certains hauts policiers qui faisaient leur cour à l'inamovible ministre Malvy, en protégeant son Almereyda. Landau jouissait d'une faveur analogue. De sorte qu'appuyé d'une part aux autorités de la Sûreté générale et de la Préfecture de police, de l'autre aux puissants suspects demeurés à Paris, malgré la guerre, ces deux lascars se croyaient invulnérables. Quand Almereyda se rendit à Marseille en 1917, pour y fonder un *Bonnet Rouge* méridional, destiné à faciliter les incursions des sous-marins allemands en Méditerranée, il obtint du préfet Schrameck toutes les facilités imaginables, à commencer par l'autorisation d'employer, pour communiquer avec Paris, le téléphone de la Préfecture. L'importance du bandit grossissait à mesure de celle de tous les personnages de finance, boches ou austro-boches, dont il prenait « la défense » dans son papier. On a calculé qu'au moment de sa mort il abritait sous son aile une cinquantaine d'espions en activité ou honoraires. Moins costaud, Landau avait une clientèle plus réduite, cependant assez fournie en qualité pour lui attirer la confiance des badauds et des politiciens. Il avait établi son quartier général dans un grand hôtel du centre, où il y a un fort mouvement d'étrangers et d'hôtes de passage, et on le voyait promener dans les couloirs son facies torve et ses horribles « belles manières ».

Néanmoins ce n'est qu'au printemps de 1916 que les travaux des proallemands de toute catégorie reçurent, avec des ressources de plus en plus considérables, l'impulsion et la coordination jugées nécessaires par Bülow, Hohenlohe et la police du grand état-major. J'en conclus que, peu de temps après l'offensive de Verdun, l'ennemi comprit que le coup était raté et qu'il fallait donner le pas aux manœuvres de dissociation intérieure et d'espionnage sur les opérations proprement militaires. Immobilisée sur le front occidental, la guerre allait se faire corruption et complot en arrière de ce front. Barrès, qui devine tout, en a eu le sentiment très exact dans sa belle et pénétrante étude : *En regardant au fond des crevasses.* Il n'est encore que les poètes pour saisir, à travers les ténèbres, les fils conducteurs de la réalité.

Il faudrait connaître à fond la langue russe et les milieux révolutionnaires russes, ce qui malheureusement n'est pas mon cas, pour analyser le mouvement très curieux qui précéda et prépara, à Paris, l'explosion de la révolution russe et du bolchevikisme. Trotsky, chez nous, Lénine et Guilbeaux en Suisse, furent les principaux artisans de cette débâcle, d'une importance incalculable. Chose singulière, le kerenskysme, c'est-à-dire le révolutionnarisme patriotique, était encore tout-puissant en Russie, alors qu'il était de beaucoup dépassé chez nous dans les milieux pestilentiels du IVe, du XIIIe, du XIVe et du XVIIIe arrondissements. C'est là et non ailleurs, avec la collaboration de deux ou trois salons bizarres et de banques suspectes, que fut élaboré le plan complet, d'abord de la déposition du tsar, ensuite du gouvernement transitoire par les cadets, enfin de l'établissement des soviets, tel qu'il s'est déroulé en un an. La rapidité foudroyante de ces phases préméditées n'est pas moins surprenante que l'absence de réaction d'abord loyaliste, puis nationale. Il semble que la Russie se soit effondrée, en deux éboulements successifs, par l'abolition presque subite de tous ses étais.

Ce qui frappe l'observateur dans cette aventure, c'est le manque total de surveillance exercée par le gouvernement français sur ces milieux, pendant les trois premières années de la guerre. C'est aussi la latitude laissée aux juifs russes insoumis de ne pas s'enrôler soit dans notre armée, soit dans la leur. On croirait, en y regardant de près, qu'une puissance ténébreuse réservait ces catégories de réfractaires pour une besogne opposée nettement à celle des Alliés, et consistant surtout dans la désagrégation, à distance, des armées et de la fidélité russes. Des nombreuses lettres documentées que j'ai reçues de personnalités russes à ce sujet, je détache le passage que voici, où s'ouvre une petite fenêtre sur le mystère :

Quand les troupes russes sont venues en France sous l'ancien régime, les soldats étaient soumis à une discipline sévère par les autorités militaires russes, pour ne pas avoir contact avec les éléments défaitistes que la France a aimablement hospitalisés. La preuve en est que lorsque les troupes russes étaient au front, même après l'abdication de Nicolas II, elles n'ont pas été atteintes par tous ces éléments défaitistes, et se sont battues héroïquement auprès de Courcy. Que s'est-il passé après la bataille de Champagne?... Tous ces Russes, qui ont été hospitalisés dans tous les hôpitaux français, même dans l'hôpital italien à Paris, ont reçu des visites continuelles de jeunes gens (insoumis et déserteurs), naturellement juifs, donc maximalistes et léninistes suspects, qui les ont pilotés dans Paris, offrant leurs services comme interprètes. Les administrations des hôpitaux ont ouvert largement leurs portes à tous ces visiteurs, voulant être agréables aux soldats blessés russes, mais ne sachant pas quelles idées machiavéliques ont guidé ces lâches, qui sont venus proposer leurs services. Peu à peu, nous recevions des renseignements précis d'un ancien fonctionnaire de la Croix-Rouge russe, sur les agissements et les menées diaboliques et pacifistes qui ont détourné les soldats de leur devoir. Souvent, dans les cafés, l'on pouvait voir un groupe de soldats russes, parmi lesquels se trouvait un jeune juif lisant une proclamation en faveur de la paix. C'est un grand malheur que l'ancien gouvernement français ait toléré tous ces agissements; outre les hommes, des femmes aussi se sont occupées de même façon en apportant aux soldats russes, hospitalisés sur tous les points de la France, des brochures de propagande défaitiste et pacifiste. Quel était leur but?... C'était de démoraliser l'armée russe; au cas où les soldats russes auraient été obligés, par une nouvelle loi française, à servir sous leurs drapeaux, de profiter de l'impossibilité pour le gouvernement russe de les réintégrer en Russie, en raison des difficultés de transport, et de leur faire refuser de se battre ailleurs que dans leur pays. Ce qui revenait à dire qu'ils ne voulaient pas se battre du tout.

Malheureusement, il faut avouer que ce plan a complètement réussi.

En résumé, pour bien éclaircir le rôle des léninistes, on peut dire clairement que parmi eux ne se trouvent que des insoumis, exclusivement; car, sitôt après la Révolution, tous les vrais condamnés politiques et patriotes russes, revenant en Russie, se sont enrôlés immédiatement dans l'armée russe.

On sait que deux journaux défaitistes et progermains de langue russe, le *Nache Slovo* et le *Natchalo*, alimentés par l'argent autrichien et allemand, étaient tolérés à Paris. Ils ont fait un mal considérable, égal à celui du *Bonnet Rouge*. Barrès a publié des extraits de leurs articles, qui semblent copiés sur ceux de *Demain*, et aussi sur ceux de la *Gazette des Ardennes*; à tel point que l'on se demande s'il n'y avait pas un même bureau d'adaptation de la propagande allemande aux tours d'esprit des divers alliés de l'Entente, avec des traducteurs appointés. Pour ma part, je ne crois pas du tout au rôle du hasard dans de semblables coïncidences.

CHAPITRE VIII

CE QUI MENAÇAIT LE PAYS *(suite)*.

Deux personnages financiers ont joué un rôle important dans les affaires russes souterraines à Paris et en Suisse : l'un est Alexandre Raffalovich, ancien secrétaire général de la *Banque Internationale du commerce de Petrograd*, dont j'ai déjà parlé à propos d'Almereyda et du *Bonnet Rouge*. L'autre est l'ex-directeur de la même banque — aujourd'hui passée heureusement en d'autres mains — un nommé Radin, dit Joseph Radine.

Radine est né à Berlin, de famille juive convertie au protestantisme.

Le père fit de mauvaises affaires dans les sucres, et la famille se réfugia à Wiesbaden. La fille aînée s'était mariée à Berlin avant la déconfiture. Les quatre autres filles partirent pour la Russie comme institutrices. Les trois frères aussi, et ce furent eux qui firent vivre la famille.

Joseph alors — dont nous nous occupons — débuta au Crédit Lyonnais de Moscou à 120 francs par mois. Très intelligent, il fut envoyé à Kiev, où il eut une amie française qui le perfectionna dans notre langue. Il retourna à Moscou, d'où il fut envoyé à Paris, comme directeur de la Banque Russo-Chinoise, chevalier de la Légion d'honneur (domicile rue d'Artois). Marié à une Autrichienne dont il eut un fils. Vers 1905, sa femme, apprenant qu'il était l'amant d'une autre, le quitta ainsi que son enfant, et retourna à Vienne dans sa famille.

Depuis, ils ont divorcé et elle est remariée.

Radine fait alors venir une de ses sœurs, gouvernante au Caucase dans une famille arménienne, pour tenir sa maison et s'occuper de son enfant. Il va alors habiter rue de Madrid.

Quand se fonda la Banque du Commerce de Petrograd, Radine quitta la Banque Russo-Chinoise et devint directeur de ladite Banque de Petrograd et de plusieurs autres banques russes, aux appointements annuels de 200 000 francs.

Il alla habiter faubourg Saint-Honoré, où il vivait sur le pied de 500 000 francs par an, au milieu d'une foule de gens suspects.

Le 17 ou 18 juillet 1914, il partait en voyage avec son fils et sa maîtresse, et le lendemain, deux de ses sœurs (avec une nièce) qui habitaient avec lui, partaient pour Wiesbaden rejoindre leur mère et une autre sœur; car depuis cinq ou six ans, Radine, bon frère, ne voulait pas que ses sœurs travaillassent et leur faisait quitter la Russie pour venir près de leur mère. Elles débarquaient de temps en temps à Paris; l'une d'elles est restée vingt-deux ans à Moscou dans la même famille.

Radine vivait très peu chez lui, il donnait tous ses dîners dehors et se plaisait, en compagnie de femmes galantes, à fréquenter les bars à la mode et danser le tango, malgré ses cinquante ans bien sonnés! Réfugié à Genève,il y fréquenta un autre personnage singulier,du nom d'Horace Berliner et de nationalité mal établie.

Il est avéré que Radine et Alexandre Raffalovich étaient à Paris parmi les intermédiaires des deux ministres germanophiles du Tsar, causes immédiates de la révolution : Stürmer et Protopopof. Quand Protopopof vint en

France, pendant la guerre, il se rencontra avec Raffalovich. On vit même, à un moment donné, ce fait singulier : le *Bonnet Rouge* prenant ouvertement la défense, — lui organe censé révolutionnaire! — des deux ministres du tsarisme et de la réaction abhorrée, contre les hommes d'État russes francophiles; et cette anomalie s'explique par les accointances d'Alexandre Raffalovich et d'Almereyda.

Bref, si nous ne tenons pas encore tous les fils de la conjuration allemande qui a amené la Russie à la défection et à la paix séparée, nous savons néanmoins que le mouvement bolchevik a pris naissance à Paris, chez les réfractaires russes, et en Suisse; qu'il a été fortement secondé par Radine et quelques autres, et que le ministère de l'Intérieur français n'a rien fait pour l'enrayer. On m'affirme, sans que j'aie pu vérifier le fait, que les premières séances des *Soviets* ou comités d'ouvriers et de soldats ont été tenues en territoire français, précisément dans ce IVe arrondissement, où foisonne la pègre youddisch-slave, et dans une ambulance de la banlieue. Le plan primitif était de propager l'institution mortelle chez nous, en même temps qu'à Petrograd. Mais on se heurta au bon sens et au patriotisme français, ce qui fit que les meneurs renoncèrent à leurs projets contre la France et se contentèrent de miner peu à peu le terrain sous les pas des cadets et de Kerensky.

L'état de guerre agit à la façon d'une serre chaude sur ces ferments de décomposition, contre lesquels notre police ne sut ni ne voulut réagir. Je mets en fait qu'avec quelque vigilance et des exemples bien choisis — notamment dans les milieux financiers — la catastrophe russe eût pu être évitée. Quelques révolutionnaires, constituants russes de bonne foi, s'imaginaient qu'ils réglementeraient l'incendie et instaureraient chez eux quelque chose d'analogue à l'activité patriotique conventionnelle de 1792. Leur calcul était faux et la suite le fit bien voir.

Je ne puis qu'esquisser ici les linéaments d'une étude qui sera certainement écrite un jour, par un Russe patriote, sur les origines du bolchevikisme à Paris et à Genève. L'ignorance où sont la plupart des Français de la langue russe a facilité cette opération en vase clos, diaboliquement conduite par l'Allemagne, réussie, hélas! et qui n'a pas de précédents historiques. La tentative de même ordre, menée chez nous par les mêmes moyens ou des moyens analogues, entre janvier et juin 1917, a complètement échoué. Fidèles à notre méthode, nous allons l'analyser pièce par pièce, afin de voir en quoi elle consistait.

D'abord l'excitation par la presse révolutionnaire antimilitariste et les réunions clandestines. Ce que j'ai dit déjà du rôle du *Bonnet Rouge* et de *la Tranchée Républicaine* me dispense d'insister longuement sur le dispositif et les moyens matériels. L'affaire Bolo, celle du « Chèque Duval » nous prouvent que l'Allemagne attache avec raison une grande importance à la possession de feuilles ou très répandues comme *le Journal*, ou d'un tirage très limité, mais alors incendiaires et de ton monté, comme celles de Landau, de Goldsky et d'Almereyda. Dans le premier cas, il s'agit de créer une certaine ambiance — considérée comme favorable ou moins défavorable à l'ennemi — dans une grande couche de public. Dans le second, il s'agit de créer ici et là de petits centres vigoureux d'agitation et de défection. A mon avis, le second procédé est plus dangereux et efficace que le premier, surtout en temps de guerre. Que de fois ai-je entendu de braves gens riposter à nos craintes, à Maurras et à moi : « Bah! *le Bonnet Rouge* n'est qu'un pauvre canard. Il n'est lu que par un millier d'apaches et cinq cents sous-vétérinaires. Son foyer d'infection est limité. »

Grave erreur! Des bouleversements considérables ont découlé, à certaines époques, de quotidiens considérés comme de peu d'importance, comme des brûlots sans avenir. Sous l'Empire, *le Rappel*, des fils Hugo, de Vacquerie, de Meurice, de Pelletan, de Lockroy n'était lu au début que dans certains milieux, dont l'influence semblait médiocre et le crédit limité. Je ne compare certes pas ce journal de lettrés et d'artistes au sombre torchon d'Almereyda. Mais, tel quel, ce torchon innommable, auquel ne craignaient pas de donner leurs noms d'anciens et de futurs ministres, — notamment l'absurde vieux Pelletan, — était fort capable, l'atmosphère aidant, de provoquer ou de précipiter, à certaine heure d'un certain jour, un mouvement dans la rue. Sa destination fut d'abord d'amener, contre Maurras et moi, par des injures quotidiennes d'une extrême violence, une voie de fait qui déclencherait des représailles. La tactique était très visible. Ensuite Almereyda, renonçant à nous faire sortir de nos gonds, visa plus haut et tâta successivement tous les sujets susceptibles de jeter le trouble et de susciter des troubles. La rapide dégénérescence des grèves économiques de mai 1917 à Paris, qui fut peu de chose, mais qui risquait de s'aggraver, les mutineries de mai et de juin 1917 dans la zone des armées, montrèrent que le calcul soufflé par l'Allemagne à ce chef de bandes antimilitaristes n'était point si sot.

Connaissez-vous les brandons, imprimés sur un sale papier, de la Révolution française, *l'Ami du Peuple*, *le Vieux Cordelier*, *le Père Duchesne* et autres excitateurs de la foule anarchique? On ne comprend plus aujourd'hui l'action qu'ils avaient sur les meneurs d'un public enfiévré. Ce sont eux cependant, autant et plus que les orateurs des clubs, qui ont déchaîné et entretenu l'incendie. Dans le bien comme dans le mal, le papier imprimé est une puissance souvent irrésistible. Mais il est plus aisé de détruire que de reconstruire, la réputation des démolisseurs va plus vite que celle des restaurateurs, et le filon des passions populaires est plus facile à exploiter que celui de la raison nationale. Voilà pourquoi les hommes qui ont la charge des affaires publiques, dans les temps graves et troublés comme ceux que nous traversons, ne sauraient être trop attentifs aux mouvements de la presse dite de « barrière » et à ses champignonnements suspects. Quand on a la chance de pouvoir éteindre le foyer en mettant le pied sur l'allumette, il ne faut pas hésiter.

Que de fois, avec Maurras et notre très cher ami et défenseur, Me de Roux, n'avons-nous pas déploré le jugement du tribunal correctionnel du milieu d'avril 1917, présidé par M. du Bousquet de Florian, qui, en nous donnant tort contre *le Bonnet Rouge*, en ne voyant là qu'une querelle de journalistes, permit à la bande d'Almereyda de continuer son travail criminel jusqu'à la fin de juillet 1917! Ces trois mois et demi-là ont coûté cher au pays. Car l'affreux brûlot, payé à la fois par nos fonds secrets et par l'or allemand, a joué un rôle capital dans la dépression accompagnée d'excitation, qui se remarqua à la même époque. Le juge a cru que nous exagérions, que la colère guidait nos ripostes; alors que nous étions, comme toujours, en deçà de la réalité.

Il est étonnant de constater combien de personnes, même cultivées, acceptent encore les effets visibles et tangibles d'une propagande meurtrière, sans remonter aux causes de cette propagande, ou admettent le jeu du hasard et de la spontanéité devant les complots les plus manifestes. Cela tient à la paresse naturelle de l'homme, qui préfère croire à l'inévitable... « Que voulez-vous, les circonstances étaient contre nous. Il n'y avait rien à faire... » Mais, malheureux, les circonstances se façonnent, se dirigent, se rectifient ! Quiconque a vécu a vu des cas, qui semblaient compromis, ou même désespérés, s'améliorer, se relever avec les efforts nécessaires, et cela en peu de temps. Il y a très peu de malheurs inévitables. On les appelle des accidents. Encore une attention et une tension soutenues les eussent-elles souvent épargnés à leurs victimes insouciantes. Durer et progresser, c'est prévoir. L'art de la politique consiste à mettre, par une vigilance perspicace et incessante, toutes les chances favorables de son côté. Ensuite, mais ensuite seulement, advienne que pourra !

L'inertie, mentale ou physique, est génératrice de catastrophes, ainsi que sa sœur la paresse. Le succès se compose d'un certain nombre de roues synchroniques, que l'État et les particuliers doivent surveiller avec soin et remettre périodiquement en mouvement. Ni hâte, ni fébrilité : un tonus harmonieux et continué.

Dans toute la seconde moitié de l'année 1916, et pendant les six premiers mois de 1917, on me signalait chaque semaine, à Paris et en banlieue, une dizaine de réunions clandestines, tenues dans des locaux habilement dissimulés, en général chez des marchands de vin. Il s'agissait de conférences et de parlottes défaitistes, au cours desquelles il était donné lecture de fragments de séances parlementaires en comité secret, considérés comme aptes à démoraliser les auditeurs, et aussi de tracts et de brochures progermaniques. Une des plus perfides parmi ces dernières, publiée sans nom d'éditeur sous couverture grise, était intitulée : *Sur les origines de la Guerre*, avec ce sous-titre, *documents belges*. Il s'agissait de démontrer, à l'aide de rapports confidentiels adressés au département des Affaires étrangères de Bruxelles, saisis par les Allemands et habilement tripatouillés par eux, que la responsabilité de la guerre de 1914 n'incombait pas seulement au gouvernement boche. La préface de cette ordure — dont le scribe est connu — est un chef-d'œuvre d'hypocrisie et de perfidie. Elle a été répandue à profusion, sans que les services compétents aient rien fait pour s'opposer à cette propagande criminelle, ni pour en rechercher les auteurs.

Mais comment le ministère de l'Intérieur eût-il sévi contre des manœuvres allemandes à l'arrière, alors qu'il subventionnait *le Bonnet Rouge*, où l'on vantait la douceur et le labeur des prisonniers allemands, où l'on niait les actes de férocité les plus patents de l'envahisseur !

C'est justement vers le milieu d'avril 1916 que j'entendis, pour la première fois, parler des agences de désertion, qui fonctionnaient de façon régulière, dans certains faubourgs de Paris. Il y en avait une notamment rue de la Tombe-Issoire. On y procurait aux clients de faux papiers, bien en règle, qui leur permettaient de franchir la frontière suisse ou espagnole, de s'embarquer à Marseille pour l'Algérie ou la Tunisie, où il est facile de se perdre dans la population flottante arabe, espagnole et italienne. La somme exigée par les tenanciers de ces agences n'était pas très élevée : de quatre-vingts à deux ou trois cents francs, selon l'aspect du solliciteur. J'ai eu entre les mains la preuve qu'Almereyda et sa bande travaillaient aussi dans cette partie et se tenaient en relations avec quelques-unes de ces boîtes infâmes. D'autres, plus huppées, étaient des annexes de ces maisons de rendez-vous à bon marché, qui foisonnent à Paris depuis la guerre. Car la prostitution, l'espionnage et la désertion vont d'accord et la « maison d'illusions » de Talmeyr s'est étrangement démocratisée. C'est là ce que Shakespeare, d'un mot saisissant, appelle « les parties honteuses de l'ombre », *buttock of the shadow*.

En effet, la surveillance des frontières françaises — quant aux personnes et quant aux denrées en transit — a été, pendant les trois premières années de la guerre, ici nulle, et là notoirement insuffisante. Ce manque de vigilance a cruellement nui à l'efficacité du blocus, que rendait alors possible la participation de lla Russie à la lutte. Par ailleurs, il a facilité a besogne des nombreux agents de l'ennemi, qui faisaient la navette entre Paris et Barcelone, Paris et Saint-Sébastien, Paris et Carthagène, Paris et Madrid, entre Paris et Genève, Paris et Zurich, Paris et Bâle, Paris et Berne.

Voyons le fait, avant d'en étudier les conséquences. Un de nos confrères, très au courant de la question, m'a remis, à ma demande, la note suivante, où l'excessive modération s'allie à l'exactitude; ce petit travail est intitulé : *Les Portes de France sont-elles bien gardées?*

Depuis la guerre ou, pour parler plus exactement, depuis le mois d'avril 1915, le service de surveillance à la frontière s'exerce : 1° par la police spéciale des Ports et Chemins de fer, en ce qui concerne les voyageurs; 2° par les commissions militaires de contrôle postal, en ce qui concerne les correspondances et particulièrement les correspondances venant des pays neutres; 3° par l'administration des douanes en ce qui concerne les marchandises.

Il n'est pas inutile de faire remarquer, au premier abord, qu'alors que presque partout, dans tous les organismes de la vie nationale, l'autorité civile a, depuis l'ouverture des hostilités, cédé le pas à l'autorité militaire, c'est seulement là où cette dernière avait besoin de s'exercer avec toute sa rigueur, nous pourrions dire avec même une certaine intransigeance un peu brutale, que nous assistons à ce spectacle tout au moins étrange de voir une administration dépendant uniquement du ministère de l'Intérieur, composée de fonctionnaires strictement civils, non mobilisés, régner en souveraine maîtresse.

C'est ainsi que nous avons été amenés, par plusieurs constatations faites à différents postes de frontière, à reconnaître que le filet tendu aux portes de France, en vue d'éviter chez nous de nombreux agents de l'espionnage allemand, est absolument illusoire et cela tout simplement parce qu'il est confié à des mains inexpertes ou incapables.

Une de nos investigations nous ayant, par exemple, amené à Bellegarde, nous pûmes vérifier que la plupart des fonctionnaires préposés à la surveillance et à l'examen des voyageurs étaient de tout jeunes gens, n'ayant même pas l'expérience professionnelle qu'on devrait leur réclamer en temps normal de paix, connaissant imparfaitement la langue allemande, dénués de tout sens psychologique et, ce qui est plus grave encore, ne jouissant pas (je parle pour quelques-uns d'entre eux) de cette considération morale susceptible de leur assurer, de la part des autres fonctionnaires ou du public avec lequel ils sont quotidiennement en rapports, ce respect et cette confiance qui sembleraient cependant, surtout en ce moment, inséparables de leurs fonctions. Ai-je besoin d'ajouter que les agents d'espionnage boche ont ainsi beau jeu. Plusieurs officiers du contrôle, qui assistent, impuissants et navrés, au spectacle quotidien de cette organisation défectueuse et lamentable, nous disaient :

« Nous avons la certitude que tous les jours, des espions allemands traversent notre frontière. » Et, je le répète, ils ne peuvent intervenir qu'exceptionnellement et par hasard; par exemple, comme le fit l'un d'eux, certain jour, en voyant se promener tranquillement, sur le quai de Bellegarde, dans l'attente du train qui devait le conduire en France, un individu d'allure quelque peu louche, un Danois du nom de P... Adroitement interrogé par notre officier, cet étranger, qui venait de subir toutes les formalités du passage à la frontière, dut avouer qu'il n'était qu'un agent au service et à la solde du service allemand des renseignements. Huit jours après, le conseil de guerre de Lyon l'envoyait au peloton d'exécution. Malheureusement, ce sont là, disons-nous, des faits isolés et extrêmement rares, puisque aussi bien les officiers ne doivent, en principe, intervenir que lorsqu'ils sont sollicités par les agents de la police spéciale.

Combien d'autres exemples ne pourrions-nous pas citer de ce défaut de surveillance instauré aux différentes portes de France! Celui entre autres de cette personnalité suisse notoirement connue, chez nos voisins, comme entièrement sympathique aux Allemands, et qui, durant plusieurs mois, a pu, sans difficultés, faire la navette entre sa résidence et Paris où il venait, non moins tranquillement, prendre part aux conseils d'administration de plusieurs grands hôtels et toucher de copieux jetons de présence. Celui aussi d'une danseuse célèbre, signalée à différentes reprises comme se livrant en Suisse à des fréquentations éminemment suspectes et qui put, non seulement pénétrer sans avanies chez nous, mais encore venir organiser ici même, sous des patronages officiels, des représentations au bénéfice de nos œuvres patriotiques. Et combien d'autres!

Un exemple, entre mille, de la facilité avec laquelle certaines personnes circulaient entre la France et la Suisse. La justice militaire a mis la main sur l'ancien avoué parisien Guillaume Desouches et sur le jeune Pierre Lenoir, fils de l'agent de publicité Alphonse Lenoir, inculpé d'avoir acheté une première fois *le Journal* — racheté ensuite par le sénateur Charles Humbert, avec l'argent allemand de Bolo Pacha — à l'aide des millions allemands du prince de Hohenlohe, grand chef de l'espionnage ennemi. A ces tractations, étaient bizarrement mêlés une femme, ancien prix de beauté, maîtresse d'Hohenlohe, nommé Madeleine Roux, dite « de Beauregard » et l'ancien chef du deuxième bureau des renseignements au Ministère de la Guerre, le capitaine Ladoux, naguère attaché à l'administration du *Radical*. Le rôle de celui-ci, dans toute cette affaire et quelques autres, apparaît, à l'heure où j'écris, comme mal défini. Mais il est manifeste, dès maintenant, qu'il a usé, à tort et à travers, du système dangereux du contre-espionnage.

Bref, des renseignements contrôlables puisés à bonne source, m'ont fait savoir que :

Le 5 mai 1915, Guillaume Desouches prenait le train pour Frasne.

Le 15 mai 1915, le même Desouches, accompagné d'une autre personne, prenait le train pour Pontarlier.

Le 27 mai 1915, Pierre Lenoir s'en allait à Vallorbe.

Le 29 mai 1915, Guillaume Desouches repartait pour Frasne.

Le 5 juin, *idem*, *idem*.

Le 19 juin, *idem*, *idem*.

Le 2 juillet, *idem*, *idem*.

Le 7 août, Pierre Lenoir partait pour Frasne, accompagné de deux personnes.

Comment des déplacements si rapprochés de ces mêmes individus n'éveillaient-ils pas les soupçons? Comment ne s'arrangeait-on pas pour les faire filer et surveiller en Suisse, afin de connaître les personnes avec lesquelles ils entraient en relations? S'ils alléguaient l'intention de fourrer dedans les Allemands en général, et le prince de Hohenlohe en particulier, d'accepter l'argent sans tenir le pacte, comment entrait-on sans examen dans une fable aussi grossière, pour quiconque connaît l'habitude constante du gouvernement allemand d'exiger préalablement des gages sérieux et contrôlés de ceux qu'il emploie? Sans doute, le contre-espionnage existe. Exemple classique : Mme Bastian, chez l'ambassadeur de

Munster, au cours de l'affaire Dreyfus. Mais ce métier terrible exige un héroïsme de chaque instant, une vigilance et un désintéressement qui ne se rencontrent guère chez les noceurs tels que Guillaume Desouches, ni les dégénérés tels que Pierre Lenoir. Le moins qu'on puisse dire du capitaine Ladoux, c'est qu'il manquait de psychologie.

Axiome 1. Une personne vénale ne saurait être employée au contre-espionnage. La raison en est simple : le gouvernement allemand consacre à son service militaire et civil de renseignements de guerre un million de francs, là où nous en dépensons péniblement dix mille. Il est donc certain que tout agent vénal, employé par nous à cet effet, cédera à la tentation de passer aux gages de l'ennemi. Il y cédera d'autant mieux qu'il a une excuse, une sauvegarde toute prête : « J'ai obéi à mes chefs, et j'ai suivi ponctuellement leurs instructions. »

Axiome 2. Il ne faut user du contre-espionnage, même en employant des personnes pleines de courage et d'abnégation, que pour des missions courtes et déterminées. Autrement on risque de les brûler et de se brûler avec elles.

Je reviens à la surveillance de la frontière.

Elle était si mal exercée de notre côté que, dans le courant de 1916, l'espion italien aux gages de l'Allemagne, Cavallini, entrant en France, a été fouillé, trouvé porteur de documents très compromettants, de listes de départs de bateaux notamment, et relâché après restitution de ses papiers ! Ce n'était pas seulement négligence, c'était aussi, de la part des fonctionnaires subalternes, crainte de tomber — comme l'on dit — sur « un bec de gaz », de mécontenter ou d'empoigner un monsieur ou une dame protégés en haut lieu. Il courait de nombreuses histoires, malheureusement authentiques, d'officiers supérieurs dégommés, déplacés, « sacqués » parce qu'ils avaient fait du zèle et mis la main sur le camarade ou la petite femme d'un gros bonnet. La menace classique du filou pincé en flagrant délit, le « Vous aurez de mes nouvelles », prenait ainsi une signification précise et redoutable. On n'ignorait pas, dans l'administration, que « ces messieurs du *Bonnet Rouge* » avaient des accointances dans le monde officiel, et le bras long. Ne se vantaient-ils pas, publiquement, d'avoir « eu la peau » du général Clergerie, chef d'état-major général du Gouvernement militaire de Paris, l'organisateur de la victoire de l'Ourcq en compagnie de Galliéni..., du général Clergerie, coupable d'avoir fait arrêter le docteur Lombard, des réformes frauduleuses, et mis un terme aux exploits de l'espion patenté Garfunkel, dit « le docteur Georges ». Ne se vantaient-ils pas d'avoir « eu la peau » du commandant Baudier, chef du deuxième bureau des renseignements, qui avait fait la vie dure aux agents de l'ennemi pendant la première année de la guerre et traqué impitoyablement l'espionnage.

L'histoire retiendra avec une stupeur indignée le sacrifice méthodique des meilleurs et des plus vigilants serviteurs du pays aux récriminations de bandits gênés par eux dans leur criminelle besogne. C'est qu'en effet, le général Clergerie, le commandant Baudier, auxquels il faut joindre le lieutenant-colonel Bourdeau — celui-ci spécialement adonné à la surveillance et à l'amélioration des services de la frontière suisse — avaient levé, dès les premiers mois de la guerre, trois grosses affaires qu'on peut considérer comme le prélude des procès de trahison et de divulgation de documents de l'automne de 1917, de l'hiver et du printemps de 1918 : l'affaire Desclaux, l'affaire Lombard et l'affaire Garfunkel.

Je ne m'étendrai pas longuement sur ces scandaleux procès, qui n'ont plus qu'un intérêt rétrospectif, mais où fonctionnait déjà visiblement une force d'étouffement au service de l'Allemagne. France Desclaux était un ancien secrétaire de Caillaux. Mobilisé dans l'intendance, il se servait de ses fonctions pour détourner des aliments destinés aux militaires, dont il approvisionnait en grand une personne qui lui tenait au cœur, une couturière connue de la place Vendôme. Pincé en flagrant délit, il fut condamné. L'histoire fit du bruit parce qu'elle était la première en date. Qui donc eût supposé à ce moment-là que le patron de Desclaux rendrait lui-même des comptes à la justice militaire !

Le cas de Lombard était plus grave. C'était un vague politicien, médecin marron, qui, de complicité avec un nommé Laborde, du grade de major, avait organisé un véritable bureau de réformes frauduleuses. On y attirait des militaires auxquels, moyennant finance, on découvrait une maladie qui permettait de les restituer à la vie civile en cinq secs. Bien entendu, ce Lombard était l'ami d'Almereyda et collaborait au *Bonnet Rouge*. Quand la justice militaire lui mit la main au collet, découvrant du même coup toute l'organisation criminelle à laquelle il présidait, ce fut une explosion de fureur dans le journal subventionné par Malvy. Ces messieurs du chantage, de l'escroquerie et de la trahison menacèrent successivement les enquêteurs, les juges, les journalistes, qui avaient l'audace de s'attaquer à un « bon républicain » tel que Lombard, promoteur d'une commémoration de Rouget de Lisle qui n'avait eu qu'un succès médiocre. Mais le pauvre Rouget de Lisle n'y était pour rien. Pendant un mois parurent, chaque après-midi, des articles comminatoires ou doucereux, destinés tantôt à terroriser, tantôt à amadouer les hommes de devoir qui tenaient Lombard et ne le lâchèrent pas. Il écopa d'une condamnation sévère, ainsi que son compère Laborde, et il doit être, en ce moment même, occupé à tresser des chaussons de lisière dans une maison de réclusion, quelque part. On m'a raconté que de grands efforts furent faits pour soustraire Laborde, médecin major, à l'ennuyeuse formalité de la dégradation militaire. En fin de compte, il y passa, mais jura que la société lui payerait une telle avanie.

La vie de Garfunkel, qui se faisait appeler

« docteur Georges », et qui avait commencé par la mandoline pour finir dans l'escroquerie compliquée, constituait un véritable roman. Le plus curieux, dans ce roman, c'était la facilité avec laquelle ce chevalier de toutes les industries criminelles se faisait bien venir de certains hauts policiers.... les mêmes qui protégeaient et flagornaient Almereyda. Quand, le pot aux roses étant éventé et le général Clergerie se montrant décidé à sévir impitoyablement, Garfunkel résolut de fuir en Suisse, il réunit ses camarades dans un banquet fraternel à la gare de Lyon. Quelques-uns d'entre eux, chargés d'enquêter sur son compte et ayant recueilli des témoignages accablants, avaient tronqué l'enquête et truqué ces témoignages, afin de fourrer dedans l'autorité militaire. La mèche fut éventée, mais ils ne furent pas punis. Un naïf sénateur, du nom de Grosjean, s'était intéressé à Garfunkel, qui se donnait à lui comme la victime moribonde d'une affreuse injustice et lui avait facilité le passage de la frontière. Il reconnut plus tard qu'il avait été la dupe d'une comédie bien jouée. J'ai toujours pensé, pour ma part, que le cas de ce Garfunkel était plus sombre encore qu'on ne le croyait et que ces voyages en Suisse avaient un but très défini de trahison. Mais les choses ne furent pas poussées à fond, ainsi qu'il arrive en général quand les compromissions se multiplient autour d'une affaire de quelque envergure.

C'est à mon collaborateur Leroy-Fournier, rédacteur à *l'Action Française*, que revient l'honneur d'avoir, le premier dans la presse, démasqué et confondu Garfunkel.

L'affaire Desclaux était un indice de la décomposition du clan Caillaux, l'affaire Lombard de la pourriture du *Bonnet Rouge*, l'affaire Garfunkel de la pourriture d'une partie de la haute police. Un gouvernement sage, dès ce moment, eût pris des mesures draconiennes de nettoyage et d'assainissement qui eussent empêché bien des malheurs consécutifs. Mais, en dehors du service des renseignements de la place de Paris, j'étais le seul alors à signaler dans la presse les redoutables manœuvres de l'espionnage ennemi à l'intérieur, et un seul parlementaire, au Sénat, le vaillant M. Gaudin de Villaine, appuyait énergiquement ma campagne.

Dès cette époque, le commandant Baudier, technicien consommé des affaires d'espionnage et connaissant bien le réseau allemand, avait relevé le travail méthodique de la grande compagnie d'assurances *Victoria zu Berlin*, laquelle entretenait chez nous tout un état-major suspect. Chassé de son poste de salut national dans les circonstances abominables que j'ai dites, le commandant avait dû, le cœur navré, renoncer à poursuivre son enquête. Quelques mois plus tard, Georges Prade, dans *le Journal* — qu'on ne savait pas encore en proie aux capitaux allemands de Lenoir, de Desouches et de Bolo — commençait une intéressante campagne contre les « Boches de Paris », où il mettait en cause la *Victoria*. Le lendemain il recevait la visite d'Almereyda, se portant garant des sentiments français du directeur de ladite *Victoria*. Trois jours plus tard, Malvy ordonnait à Charles Humbert de cesser la campagne, qui n'avait consisté qu'en trois ou quatre articles documentaires. Ces faits sont pleins d'enseignements.

En dehors des survivances allemandes et autrichiennes proprement dites, qui reprenaient courage et ardeur par l'impunité et formaient le consortium du *Bonnet Rouge*, je parvins à déceler à Paris plusieurs foyers de manœuvres boches, assez adroitement dissimulés :

1° Dans des ambulances et formations sanitaires;

2° Dans des hôtels luxueux et importants;

3° Dans certains salons.

Il est très regrettable que, dès le début de la guerre, les autorités responsables n'aient pas formé une police spéciale de tous les établissements, même les plus honorables, où l'on soigne des blessés et où l'on recueille des convalescents. Ces organisations contiennent en effet des sources de renseignements de premier ordre. Les opérés, les demi-guéris, les éclopés parlent facilement. La reconnaissance ouvre les cœurs et délie les langues. Comment se méfier de la charmante dame qui assiste le major et qui vient ensuite passer sa journée au lit du malade ou du déprimé? Or, en faisant la part des erreurs inévitables, je puis évaluer à plus d'une vingtaine le nombre des rapports qui me sont parvenus sur des personnages louches ou suspects des deux sexes, glissés dans les formations sanitaires de l'avant, ou de Paris, ou du littoral méditerranéen, ou de la côte basque. Convaincu de l'inutilité de toute démarche auprès de fonctionnaires décidés à ne pas agir, à ne tenir aucun compte de mes avertissements, j'ai mis ces notes de côté. Elles sont précieuses à plus d'un titre. Elles permettent maints recoupements. Il y a eu certainement quelque part, chez nous, une centralisation des renseignements recueillis dans les ambulances et transmis ensuite aux Allemands. Vous me direz que cela est malaisé à empêcher. Erreur! Il n'est pas difficile d'éliminer, sous des prétextes polis, une vingtaine de brebis galeuses, connues et signalées comme telles.

Le grand scandale hospitalier ou ambulancier du temps de la guerre n'a pas encore éclaté. Mais je l'attends toujours, et je serais très étonné que les hostilités prissent fin sans qu'il se fût produit. On comprendra que je n'insiste pas davantage. Cette appréhension ne retire d'ailleurs rien à la somme de dévouements admirables, inouïs, sans limites, que les douces femmes de France, nées en France de parents français, de tout âge et de toute condition, ont dépensée sans compter depuis quatre ans. Les brebis galeuses précisément spéculaient sur l'indignation des naïfs devant une telle supposition : « Oh! l'abominable espionnite, que de calomnies ne fait-elle pas proférer! »

Plusieurs hôtels somptueux, de ce luxe

horrible et tapageur qui pue le Boche à plein nez, au centre de Paris, servaient de lieu de rendez-vous aux gens du *Bonnet Rouge*, de *la Tranchée Républicaine*, aux Almereyda, aux Rabbat et aux intermédiaires en soumissions de fournitures militaires. Fructueux métier, proche du chantage, souvent compliqué de commerce avec l'ennemi et qui nourrissait bien son homme. Des femmes galantes corsaient en général ces marchés, toujours onéreux pour l'État, et rendaient les transactions moins arides. Au début de la guerre, il avait fallu tout improviser. On ne saurait donc raisonnablement en vouloir aux Millerand et aux Albert Thomas, qui firent appel à tous les fournisseurs bénévoles et dans le nombre à des individus louches ou tarés. Mais cette hâte forcée dans le choix eut, au point de vue de la Défense nationale, des conséquences fâcheuses. Par la brèche ainsi ouverte, conséquence de notre impréparation militaire, se glissèrent dans la place des individus dangereux, quelques-uns à la solde de l'Allemand.

Quant aux salons défaitistes, j'aurai l'occasion d'y revenir au cours des pages qui vont suivre.

CHAPITRE IX

L'ASSAUT AU MORAL FRANÇAIS

(Avril, mai, juin 1917.)

Il existe des signes certains que les Allemands étaient prévenus de notre projet d'offensive générale pour le mois d'avril 1917 et qu'ils avaient, de leur côté, mis tous leurs agents en mouvement pour une offensive de dissociation intérieure portant sur les mois d'avril, mai, juin 1917. Autant que la censure me le permettait, j'indiquais cette éventualité depuis six mois dans *l'Action Française*. Mes avertissements gênaient trop d'intérêts louches, puissamment coalisés. Ils ne furent pas entendus.

Voici, à titre de document, un article paru le 24 avril 1917 en tête de notre journal, où je résumais, avec une modération voulue, pour les juges de la cinquième chambre correctionnelle (président du Bousquet de Florian) devant lesquels nous assignait Almereyda, les dangers représentés par *le Bonnet Rouge*. Nous ne nommions jamais cet organe allemand à Paris que *le Torchon*, et nous restituions à l'agent de trahison « Almereyda » son nom véritable de Vigo :

UN JOURNAL COMME ON EN VOIT PEU

« LE TORCHON » DE M. CAILLAUX

A Me de Monzie, avocat et député,
pour l'édifier sur ses clients.

Les gens du *Torchon* ayant eu le toupet de nous assigner devant la cinquième chambre correctionnelle, pour « diffamation », je m'en vais aujourd'hui vous présenter sans commentaires les principaux de ceux qui prennent depuis trois ans de guerre en France — et cela impunément — la défense des espions boches de l'empire allemand et du Clan des Ya. Le public français jugera. Je rappelle pour mémoire que Vigo, dit Almereyda, trois jours avant la mobilisation, conspuait l'armée française sur les boulevards, et dans la journée servait de garde du corps à M. Joseph Caillaux, au procès de la dame au revolver.

Directeur : condamné de droit commun (vol, fabrication d'explosif, provocation au meurtre, injures à l'armée) Vigo dit Almereyda, indicateur de police, sachant à peine lire et écrire, né à Béziers le 8 janvier 1883 et réformé : a avoué s'être rendu à Saint-Sébastien, foyer d'espionnage allemand, en juin 1916, passeport 11 704, pour fonder un journal bilingue. Il faut noter ici que ce voyage coïncidait avec l'arrivée du sous-marin *U-35*, le fameux ravageur allemand, à Carthagène. Vigo, dit « Almereyda », prétend qu'il n'a pas pu aller en trois jours de Saint-Sébastien à Carthagène. D'ailleurs, un émissaire allemand a pu lui porter un paquet de Carthagène à Saint-Sébastien, ou des instructions, et cela aussi est à vérifier. A noter que l'agent allemand, Gaston Routier, ayant tenté de fonder un journal pro-allemand de langue française, le *Journal de la Paix*, à Madrid, Vigo a commencé par prendre sa défense et a annoncé, le premier dans la presse, que Routier, démasqué, renonçait à son criminel projet. Le journal projeté par Vigo à Saint-Sébastien n'était-il pas le premier essai du journal projeté par son compère Routier à Madrid? Seul, le prince Ratibor, ambassadeur allemand à Madrid, pourrait nous renseigner là-dessus.

Premier administrateur : Émile-Joseph Duval, dit « Darbourg », dit « Mondor », ancien rédacteur à l'Assistance publique, d'où il dut démissionner en 1887. A avoué à l'audience s'être rendu depuis la guerre plusieurs fois en Suisse comme liquidateur de la Société des Bains de Mer de San-Stéfano. Cette société composée, en majorité, d'agents d'espionnage allemands et de Turcs, était en relation avec la boîte allemande d'espionnage des automobiles Benz de Mannheim. Elle était présidée par le prince Karl d'Isenburg, de Mannheim, et comprenait, parmi ses membres, Flinsch de Francfort-sur-Mein, le banquier Marx, de Mannheim, et le député turco-boche Zia Baldji. Il y a lieu de supposer que, tandis que Vigo palpait l'argent allemand à Saint-Sébastien, Duval dit Darbourg s'entendait avec Marx à Zurich. Touchante utilisation des pays neutres!

Deuxième administrateur : Émile Marion, trois condamnations pour désertion et escroquerie.

Passons maintenant aux collaborateurs et simples acolytes :

. . . .

Thomas Henri, dit Harry Goddard, arrêté pour commerce de stupéfiants, puis expulsé, puis arrêté de nouveau pour infraction à l'arrêté d'expulsion. A un moment donné, Vigo, son complice, le fit chanter dans *le Torchon*.

Jean Goldschild, condamné pour provocation au meurtre.

. . . .

Gabriel Rabbat, banquier, 18, rue Laffitte, ex-associé de l'escroc Zucco. Ce juif syrien qui fut un des bailleurs de fonds de Vigo se consacrait au refilage des titres volés par les Allemands dans nos départements occupés. Il associait le vol à la trahison. Rabbat a été, voici quelques semaines, arrêté et incarcéré en Suisse. Le Gouvernement suisse examine actuellement la demande d'extradition de la police française avec une sage lenteur.

Cette affaire Rabbat gêne considérablement le gouvernement allemand; je dirai pourquoi.

Le Dr Lombard, conseiller d'arrondissement, dix ans de travaux forcés pour réformes frauduleuses. C'est Lombard qui lança dans *le Torchon* l'idée d'une fête à Rouget de Lisle. Lombard est bien connu d'autre part comme médecin avorteur.

Henri Guilbeaux, dit « James Burkley », correspondant de journaux parisiens avant la guerre. Rédacteur de la revue boche de langue française, *Demain*, publiée en Suisse et interdite en France. J'ai suffisamment insisté sur le rôle de Guilbeaux pour n'avoir pas à y revenir aujourd'hui.

Cette liste, d'une exactitude indiscutable, est incomplète. Telle quelle, elle donne une idée de l'organe innommable qui, sauf un grand nombre de suspensions de huit à quatre jours motivées par des campagnes proallemandes trop éhontées, continue néanmoins à jouir de l'immunité la plus complète. Quand Vigo, dit « Almereyda », quand Duval, dit « Darbourg », dit « Mondor », sollicitent un passeport pour l'Espagne, ils l'obtiennent immédiatement. Il fut bien question, à un moment donné, au dire de Vigo lui-même, dans les conseils du gouvernement, de son arrestation et de l'arrestation de ses acolytes. Finalement, ces messieurs ont été laissés tranquilles et libres de vaquer à leurs petites occupations. Quand j'ai fait chasser Ullmann du Comptoir d'Escompte, *le Torchon* a fait campagne pour Ullmann, naturellement......

.....Il ne se passe pas de jour que nous n'ayons,

Maurras et moi, le très grand honneur d'être injuriés par cette racaille, dans les mêmes termes et sur les mêmes thèmes qui servent contre nous à la *Gazette des Ardennes*, à la *Frankfürter* et au *Berliner Tageblatt*. C'est à croire que ces feuilles fécaloïdes se repassent des poncifs tout préparés.

Chose remarquable, la plupart des rédacteurs et collaborateurs au *Torchon*, sont, Vigo en tête, de jeunes et solides gaillards en âge de porter les armes, — Vigo m'a menacé publiquement de son browning, ce qui m'a joliment amusé, — mais par une prodigieuse série de réussites, tous ont échappé au service armé et même au service auxiliaire. Au début de la guerre, alors que les antipatriotes n'en menaient pas large, Vigo dit « Almereyda » parla de s'engager. Il en fut détourné, comme il nous l'a raconté lui-même, par M. Malvy qui a estimé son action plus utile à Paris. A mon humble avis, il y eut là une légère erreur. Le seul bienfait qui ait résulté du maintien de Vigo dans sa mobilisation civile à la tête du *Torchon*, a été de lui permettre de faire fortune en trois ans; car cet ancien claque-savates de la Petite Roquette a aujourd'hui luxueuse installation à Paris, villa à Saint-Cloud, villa au bord de la mer, fourrures épastouflantes et plusieurs automobiles, avec le tutoiement de nombreux parlementaires... Le libéral a toujours eu un certain respect pour l'apache, depuis la grande Révolution.

Encore une fois, le public et la justice sont maintenant fixés.

Léon Daudet.

Le gouvernement de l'époque ne peut donc alléguer qu'il n'était pas averti. J'avais eu soin d'indiquer, d'une touche légère, les principaux colporteurs de renseignements à l'ennemi : Almereyda, Marion, Duval et Guilbeaux.

Le 15 mars, en pleine préparation de l'offensive, le général Lyautey, ministre de la Guerre, dont on connaît l'œuvre admirable au Maroc, avait été contraint de donner sa démission. Son crime était d'avoir manifesté, en termes modérés, la crainte que le compte rendu des séances du comité secret à la Chambre ne fût divulgué. On sait maintenant que c'était Duval qui était particulièrement chargé de communiquer ces comptes rendus à l'ennemi. Il suffit d'examiner les dates des passeports à lui attribués, ou renouvelés, pour s'en rendre compte. Quant aux renseignements généraux sur l'offensive, quant à ce qu'il en pouvait connaître, Almereyda en personne fonctionnait, soit en Suisse, où il s'était abouché avec Rosenberg, soit en Espagne. La mise au point des manœuvres défaitistes et le contrôle des dires du *Bonnet Rouge* étaient confiés à Henri Guilbeaux — dit « André Le Faivre », dit « James Burkley » — *persona grata* auprès du gouvernement allemand. Guilbeaux, intime de Lénine, en correspondance avec la maîtresse de Braunstein, dit Trotsky, à Paris, assurait en outre le synchronisme entre le germanisme français et le bolchevikisme russe. L'instrument de trahison était ainsi parfaitement d'accord.

Le cas du général Lyautey, visionnaire de ces crimes cachés au grand public, est donc analogue à celui du général Clergerie, sacrifié aux bureaux du ministère de l'Intérieur et du *Bonnet Rouge*, qui voyaient en lui le responsable de l'envoi de l'espionne Kovacs au camp de concentration, de l'arrestation de Desclaux, des docteurs Lombard et Garfunkel. Le général Clergerie en 1914-1915 et au début de 1916, le général Lyautey en 1917 avaient vu clair dans la guerre totale et dans la nécessité de faire face au système de l'espionnage allemand. C'est ce qui fut cause de leur disgrâce, dont la France porte encore le poids.

Le 29 mars 1917, par contre, l'académicien Ribot, devenu le successeur de Briand à la présidence du Conseil, appelait Malvy au comité de guerre. *Le Bonnet Rouge* félicita vivement de son initiative l'académicien Ribot. L'événement parut moins heureux à plusieurs personnalités politiques. Le 15 mai 1917, M. le sénateur Jenouvrier faisait au Sénat le portrait schématique d'un membre du comité de guerre idéal :

Ne vivant que de la guerre, pour la guerre, ayant l'esprit toujours tendu vers elle, s'interdisant *tout plaisir, toute distraction* de nature à éloigner son esprit de la tâche formidable qu'il a acceptée, menant une vie simple, presque austère, ayant peu de relations, évitant les familiarités qui permettent les questions indiscrètes et auxquelles le silence qui les accueille, ou les jeux de physionomie qu'elles provoquent constituent, parfois, une réponse dangereuse.

Je relève cette curieuse citation dans le remarquable précis consacré par Marie de Roux au *Défaitisme* et aux *Manœuvres proallemandes* paru récemment sous ce titre à la Nouvelle Librairie Nationale [1]. Il faut consulter également, sur la manœuvre allemande à l'intérieur, le livre magistral de Maurras, *La blessure intérieure*, et le chef-d'œuvre de Georges Valois, *Le Cheval de Troie*, même librairie. C'est là, avec l'ouvrage déjà classique de Barrès, *En regardant au fond des crevasses*, tout ce que je connais d'imprimé sur la ques-

1. Nouvelle Librairie Nationale, 11, rue de Médicis, Paris, 1 vol à 1 fr. 50.

tion, qui fait le tuf même de la guerre européenne et que presque tous les dirigeants de cette guerre, sauf Clemenceau, ont méconnu. Aussi quand on me demande ce qu'on mettra sur la tombe de ces dirigeants — je veux dire sur celle des meilleurs d'entre eux — je réponds avec certitude : *aveuglement*. Les uns ont cru qu'il s'agissait d'une guerre de positions, d'autres d'une guerre de matériel, d'autres d'une guerre pour la possession de l'Orient avec localisations en Europe. Presque personne n'a voulu voir que le principal levier de cette guerre était, du côté allemand, *la manœuvre à l'intérieur des pays alliés*. Il a fallu la catastrophe russe pour que quelques-uns aient commencé à s'en rendre compte.

Cette manœuvre, à la veille de notre offensive d'avril, s'appuyait chez nous sur la bande du *Bonnet Rouge*, sur les protecteurs et les commanditaires de cette bande, dont Bolo Pacha, ne l'oublions pas.

Par les navettes d'Almereyda et de ses gens, les Allemands connaissaient en temps utile :

1° Ce que préparait le Grand Quartier Général ;

2° Ce qui se disait à la Chambre en comité secret ;

3° Ce qui se faisait dans les commissions;

4° Ce qui se passait au sein du comité de guerre.

La moindre indiscrétion devenait ainsi criminelle, à l'insu même de ses auteurs. L'ennemi nous voyait et nous ne le voyions pas. Car ce n'est pas le lieu d'insister sur la façon extravagante dont était conduit notre service (!) de contre-espionnage, sous la direction du capitaine Ladoux, ancien administrateur du *Radical*. Il y aurait un volume entier à écrire sur les choix insensés ou odieux des personnes opposées par Ladoux à un Bülow, à un Hohenlohe, à un Bernstorff, à un Jagov, à un Rosenberg, à un Marx, à un Isenburg, à un Heinemann, à un Ballin, à un Rathenau, à un von Plugk, à un Gebsattel, à l'immense ministère de dissociation intérieure allemand. Ce n'est pas qu'aucun de ces Germains, pris en lui-même, soit un homme de génie. Mais leur association est étroite, ils sont contrôlés directement par l'Empereur — qui les reçoit sur le même pied que ses généraux commandant en chef — et ils disposent de capitaux illimités.

En dehors de la bande du *Bonnet Rouge*, du clan Desouches-Lenoir, principalement affecté à Hohenlohe, et des tentatives de corruption de presse, dont Bolo Pacha était l'argentier, il existait en mars 1917, à Paris, toute une trame souterraine de défaitisme, ce que l'on pourrait appeler une seconde zone : cette zone passait par plusieurs salons, cinq ou six établissements financiers, quelques minoritaires socialistes du Parlement et une tourbe de métèques, admirateurs bénévoles ou stipendiés de l'Allemagne, Russes, Espagnols, Suisses, Américains du Sud, mêlés pour la plupart aux affaires allemandes, commerciales, industrielles, intellectuelles et politiques. C'était un véritable réseau, allant de l'intention criminelle la plus nette à l'inconscience diffuse, et offrant tous les degrés, toutes les nuances, de la légèreté, de la peur et de la vénalité.

Entre ces salons, j'en choisirai deux, — que je désignerai par les deux premières lettres de l'alphabet, A et B, pour ne pas faire de jaloux, — où le mal fut fait par sottise homicide beaucoup plus que par méchanceté.

Chez A, — qui joua un rôle plutôt louche au moment de l'affaire Dreyfus — fréquentaient des frelons parlementaires, des officiers d'antichambre ministérielle et des savants. Joignez-y une douzaine de gens du monde, oisifs, bavards, facilement effrayés, tenant du perdreau et du dindon, de ceux que j'appelle les salonnards. Ce qui fleurissait là, c'était la critique, à tort et à travers, des opérations militaires ; exercice terriblement dangereux, quand chacune de ces critiques a son prolongement et son retentissement politique, et risque de déranger et de décoordonner le rouage, délicat entre tous, du haut commandement. Quand toutes les dispositions ont été prises, et consciencieusement prises, quand des hommes éprouvés par la victoire ont apporté au plan, considéré par eux comme le meilleur, toute leur expérience et tous leurs soins, il est abominable de les déranger de leur labeur, de chercher à les faire douter d'eux-mêmes par un murmure. Ceux et celles qui ne comprennent pas cela sont malheureusement trop nombreux. Que Dieu nous garde du mêle-tout et de la mêle-tout, en temps de guerre !

On affirme que, dans les milieux populaires, les fausses légendes circulent vite ; c'est exact. La tension belliqueuse de certaines âmes, en contact avec la tension angoissée de certaines autres, amène, provoque ces frottements vibratoires, sur lesquels court une invention absurde et détaillée, avec la rapidité d'un train express. Plus la nouvelle est effarante et contraire au bon sens, plus elle a de force de propagation et de pénétration. Mais le milieu des salonnards, quand il s'y met, fabrique avec émotivité des nouvelles bien plus abracadabrantes et qui prennent de l'autorité avec l'illusoire notoriété de leurs lanceurs. Car ici on peut invoquer le témoignage de prétendus techniciens, de gens compétents, au courant, auxquels on n'en fait pas accroire, et qui affirment, sous la foi du serment, avoir recueilli tel propos, telle anecdote, tel renseignement dans les hautes sphères. Joignez à ceci que la politesse interdit cette contradiction trop brusque, faisant appel au ridicule, qu'un esprit ferme peut et doit opposer aux propos et paniques de la rue et du marché. En temps de guerre, les mauvais hommes utilisent les contes de bonnes femmes.

Chez B, — d'éducation sommaire et nourrie des principes de 48 — le sport, depuis le premier jour, c'était de favoriser la révolution russe. Il n'était pas un israélite germano-slave, de l'entourage de Lénine ou de Trotsky, qui n'eût là son couvert et son crachoir et ne fît, entre la poire et le fromage, le procès du tsarisme dégradant et du démocratisme indispensable à la victoire. Il encourageait et même, dit-on, subventionnait de temps en temps ces insanités. Quand apparurent les premiers soviets encore timides, quand la nouvelle en parvint, ce fut de la frénésie. Une aube nouvelle apparaissait sur le monde. La lutte gigantesque ne pouvait manquer de finir dans un embrassement général des ouvriers, lâchant le travail des munitions, et des soldats déposant leurs armes, aussi bien en Allemagne et en Autriche que dans les pays de l'Entente. Le Soviet... le nouveau Messie, le Sauveur laïque, célébré, sur le ton inspiré, par les prophètes barbus et chevelus de la rue Mouffetard et du Marais! Quiconque se permettait quelque timide objection, au nom de la nécessité supérieure qui impose une discipline en temps de guerre, était aussitôt rembarré avec force. A la deuxième incartade, on indiquait à l'impertinent ou l'impertinente le chemin de la porte. Kerensky passait là pour un malheureux bourgeois, perdu de préjugés réactionnaires, comme disaient les bolcheviks, pour un « exterministe ». Sa chute fut saluée d'acclamations. Quelques jours après, il fallut déchanter. Mais l'amour-propre est tellement ancré au cœur des illusionnistes que maintenant encore, il ne reconnaît pas son erreur et déplore que la Cause magnifique ait été amoindrie et gâchée par l'incompréhension des Français, des Anglais, des Italiens et des Américains.

Ce que j'ai déjà dit des banques demeurées en relations avec l'Allemagne, par la Suisse ou de toute autre façon, me dispense d'insister sur le rôle éminemment nocif qu'elles ont joué presque tout de suite après la victoire de la Marne, et de plus en plus, jusqu'à la période du mauvais trimestre du printemps de 1917. Il y a eu là un travail souterrain, sur lequel le procès Bolo a projeté un rayon de lumière, mais dans un compartiment seulement. Depuis 1907 environ, la grande préoccupation de Guillaume II et de son entourage était de nationaliser autant que possible la banque allemande, en dénationalisant la finance et la banque françaises. Les directeurs de la *Deutsche Bank*, de la *Dresdner Bank* et de la *Disconto* étaient périodiquement convoqués par lui, en vue de mesures à prendre en cas d'alerte et immédiatement. On sait ce que signifie ce langage; c'est l'état de danger de guerre financier, la « Kriegsgefahrzustand », du métal. J'ai signalé ailleurs le rôle important d'un Heinemann, d'un Salomonsohn. Ces deux chefs d'orchestre donnaient en même temps la consigne et le mouvement aux banques de Dresde et de Hambourg, réunies entre elles, malgré la concurrence, par une quantité de cartels et de trusts. On sait que la finance allemande était la plus aventureuse du monde entier, en matière industrielle et chimique, notamment. Ce goût du risque était compensé par des alliances offensives et défensives, entre les principaux comptoirs de l'Empire, contre la finance anglaise et américaine, qui n'adhérait pas encore au Deutschtum.

En France, une lutte épique avait commencé pour l'introduction des valeurs d'État allemandes à la cote de la Bourse de Paris. Le récit des manœuvres poursuivies à cette intention par la finance et la politique allemandes tiendrait à lui seul un volume. Il devrait être tenté par un professionnel qui serait en même temps au courant des choses du journalisme. Car c'est par le journal à fort tirage, dit « de grande information », par conséquent d'apparence neutre, qu'une telle campagne peut être appuyée. On procède non directement, mais indirectement et de biais, par le moyen de communiqués insidieux, de consultations de personnes prétendues compétentes, sur le nez desquelles se devinent des lunettes d'or. Que de fois, avant la guerre, parcourant d'un œil distrait — néanmoins attiré par les *intentions* — une feuille quasi indifférente en politique et en relations extérieures, ai-je bondi à la lecture d'une phrase d'apparence anodine, d'un filet faussement innocent, où apparaissait le casque à pointe retourné et prêt à recueillir l'argent du contribuable français! Car je savais trop à quelles entreprises métallurgiques, à quels préparatifs belliqueux servirait en fin de compte l'or de cet appel.

Il était impossible que la guerre, même exhaustive et totale, déchirât d'un coup ces liens de Lilliput, soigneusement tissés par l'industrieuse Germania. Il est demeuré, dans le monde de la Bourse, un filon sinon allemand, sinon germanophile, tout au moins prêt, à chaque tournant, à composer avec l'ennemi. Le nom de Caillaux personnifiait cette tendance, parce que pendant son passage aux Finances, il avait fait risette à la finance allemande. Mais il n'était pas le seul. On en citait d'autres, moins voyants. On en citait aussi, il faut le reconnaître, qui avaient opposé une résistance acharnée à cette forme spéciale d'envahissement et y avaient d'ailleurs compromis leur crédit politique.

Si des hauteurs de la finance internationale nous descendons vers le terre à terre de la tourbe des métèques suspects, soigneusement conservés à Paris par une scandaleuse bienveillance du ministre de l'Intérieur, entre août 1916 et juin 1917, nous comprendrons encore mieux l'accès de fièvre malsaine, heureusement fort éphémère, auquel je fais allusion. Afin de n'être pas accusé d'exagération systématique, je céderai la parole à mon confrère de ton très modéré mais très consciencieux et très patriote, *le Petit Journal*, rendant compte d'un débat tout récent au Conseil municipal, sur cette grave question des étrangers. C'était M. Le Corbeiller, conseiller municipal, qui avait attiré l'attention de ses collègues sur un danger signalé de longue date par *l'Action Française* et toute la presse nationaliste, effrontément nié par les responsables; l'extrait que je donne est du 23 mars 1918, paru le matin même du jour où les Allemands ont commencé à bombarder Paris à l'aide d'une pièce à très longue portée. On ne saurait croire la valeur dramatique que prennent les lignes que l'on va connaître, quand on les relit au son du canon :

TROP D'ÉTRANGERS A PARIS

LE CONSEIL MUNICIPAL S'ÉMEUT. IL DEMANDE DES MESURES SÉVÈRES

Un grand débat a eu lieu à l'Hôtel de Ville sur une question posée par M. Le Corbeiller au préfet de police, à propos de la situation des étrangers à Paris.

Comme membre de la commission des étrangers qui siège à la préfecture de police, et comme conseiller du IVe arrondissement où résident de nombreux étrangers, il a constaté l'insuffisance des mesures prises. Cette situation avait déjà inquiété avant la guerre M. Badini-Jourdin, conseiller du IVe arrondissement; depuis la guerre, la situation n'a fait que s'aggraver. Une foule de gens sans patrie se sont abattus dans ce quartier et il est impossible de savoir d'où ils viennent. Ils vivent aux dépens du pays et ne s'acquittent d'aucunes charges. Ils refusent le service militaire et rendent la vie intenable aux femmes des mobilisés. Des cafés cosmopolites leur servent de rendez-vous et les consommateurs français n'osent pas y entrer. Ils prétendent être Russes et affectent d'ignorer le français, de façon qu'on ne puisse les interroger. Ils réclament toutes les allocations de secours. La mairie du IVe arrondissement a signalé tous ces faits. Les étrangers se substituent tous les jours dans les emplois que les Français occupaient.

On a mis près de sept mois pour commencer à appliquer le décret sur les étrangers, qui date du mois d'avril 1917, et dès le début on a vu un courant s'établir en faveur d'une large tolérance. Les dossiers qu'on présente à la commission n'ont pas de valeur, les inspecteurs auxquels on confie ce travail délicat ne peuvent y arriver. Il y a 300 000 dossiers et on n'en distribue que 25 par semaine à l'étude des membres de la commission. Les répondants désignés par les étrangers n'existent presque jamais, la famille est presque toujours à l'étranger — aucune vérification possible. Mais si on cherche l'extrait du casier judiciaire, on y trouve souvent des condamnations.

Aussi, les membres de la commission qui délivrent des cartes aux étrangers sont très inquiets d'engager ainsi leur responsabilité.

La carte verte échappe à tout contrôle. C'est très dangereux. Les étrangers font courir un danger à la vie publique; le jour où il y aura un peu de bruit dans la rue, il y aura des émeutes créées par les étrangers sur divers points de Paris.

M. Galli s'est associé aux paroles de son collègue, il a protesté contre le séjour d'une population interlope « qui ne présente aucune garantie et qui, dans certaines circonstances, peut servir l'ennemi ».

MM. Aucoc, Georges Fiant, Louis Dausset ont tenu le même langage.

Le préfet de police a reconnu qu'il y avait 150 000 dossiers à étudier. Il a augmenté le nombre de membres de la commission et il acceptera avec plaisir toutes les délibérations de l'assemblée et les soumettra au gouvernement en lui demandant d'y adhérer.

M. Le Corbeiller a à nouveau fait remarquer que le renvoi dans les camps de concentration rendrait plus de services qu'une étude de dossiers.

Finalement, divers ordres du jour ont été adoptés :

1° De M. Le Corbeiller invitant M. le préfet de police à demander au gouvernement des pouvoirs plus étendus qui lui permettent d'apporter un remède immédiat au danger que fait courir à la paix publique, dans certains quartiers de Paris, l'invasion des étrangers;

2° De M. Henri Galli, ainsi conçu :

« Le Conseil émet le vœu que tous permis de séjour et cartes d'identité soient refusés ou retirés aux étrangers qui ne sont munis d'aucune pièce authentique d'identité, d'aucun certificat d'origine et de nationalité.

« Dans le cas où l'étranger, en raison de l'état de guerre, serait dans l'impossibilité de les présenter, il pourra obtenir, pour une durée de trois mois, un permis de séjour renouvelable sur attestation d'honorabilité faite par écrit par deux témoins patentés se portant garants que ledit étranger n'est en rien suspect au point de vue national et que ses ressources (revenus ou travail) sont connues et régulières. »

Enfin, MM. Le Corbeiller, Ambroise Rendu, Adrien Oudin et Henri Galli ont fait renvoyer à l'administration une proposition demandant que les permis de séjour délivrés aux étrangers soient renouvelés tous les six mois et donnent lieu à une taxe de 20 francs.

La collection du *Bonnet Rouge*, depuis le début de 1915, renferme un grand nombre d'articles consacrés à l'apologie de cette méthode inouïe, qui consistait à attribuer à tour de bras des permis de séjour, non seulement sans aucune espèce de contrôle, mais encore en repoussant systématiquement tout essai et toute proposition de contrôle. Pour que le chiffre de cent cinquante mille eût été atteint, il fallait certes que le laissez-aller fût grand, mais il fallait aussi qu'une volonté obscure et lointaine multipliât ainsi nos métèques. A quel moment? Alors que l'ambiance tragique de la guerre ordonnait au contraire, dans l'intérêt national, de les limiter et d'examiner avec soin leurs demandes.

Qu'on m'entende bien : je ne prétends pas que tous ces permis de séjour étaient obtenus par des gens favorables à l'ennemi. Sur le nombre, il y en avait certainement d'inoffensifs. Dans quelle proportion? Je l'ignore. Ce que je sais, c'est que, pendant trois ans, mon courrier de chaque jour m'a signalé une dizaine de ces favorisés de la haute administration, comme des gens sans moralité, ouverts à toutes les tentations et prêts à toutes les compromissions. Paris est d'une tenue admirable. Il supporte les épreuves avec stoïcisme. On eût dit qu'une force mauvaise cherchait à accumuler dans son sein des éléments de trouble disponibles, cette masse flottante et sans attaches qui sème la panique et le découragement.

Il n'est pas douteux que ces 150 000 permis de séjour, ou du moins quelques centaines d'entre eux, les plus hardis, les plus nocifs, aient joué un rôle dans le flottement de mai et de juin, qui précéda et accompagna les tentatives de mutineries militaires dans la zone des armées. Les journaux de l'époque ont donné les noms de divers Italiens et Espagnols arrêtés à l'occasion de grèves, où ils cherchaient à jouer le rôle de meneurs. Le nombre en eût été plus considérable, si la police n'avait reçu l'ordre de ménager autant que possible les manifestants. Chose bizarre, ces grèves avaient commencé par des promenades et réclamations de midinettes, d'apparence inoffensive et même gracieuse. Les passants regardaient, amusés, ces défilés de jeunes filles qui réclamaient en chœur la semaine anglaise et leurs vingt sous.

Puis, en quelques heures, l'affaire dégénéra et il apparut que ce mouvement, d'abord économique, revêtait peu à peu une allure politique et défaitiste. Il y eut des commencements de bagarre. La presse, heureusement, veillait. Elle força les dirigeants à intervenir et à arrêter le désordre commençant. De l'avis général, il était temps.

Or, à partir du 22 mai au soir, et jusqu'au milieu de juin, des phénomènes de relâchement de la discipline s'observèrent en certains points de la zone des armées françaises, où ils atteignirent plus ou moins d'acuité. Ce n'est pas le moment d'apporter ici les précisions qui ne seront de mise qu'après la guerre. Je ferai seulement remarquer le caractère de simultanéité de ces phénomènes dispersés, mais synchroniques, caractère qui ne me permet pas de croire à leur spontanéité. Là où ils se produisirent, on remarqua la présence de meneurs d'un type particulier, venus de Paris, et aussi de copieuses libations de vin et d'alcool, offertes gratis aux sous-officiers et soldats par les âpres mercantis qui ne sont point coutumiers de pareilles largesses. C'est ce dernier fait qui me mit sur la voie et me permit de reconstituer et de situer la zone d'excitation systématique, évidemment groupée au *Bonnet Rouge*. Pour comprendre, il faut se rappeler que Marion dirigeait un organe viticole et était secrétaire général de ce *Syndicat des Bistrots*, qui compte d'ailleurs beaucoup de braves gens. Almereyda, Goldsky et Marion avaient ainsi toutes facilités pour faire pénétrer, dans des régions soigneusement choisies par eux, des excitations de type divers.

Il y avait en somme deux éditions de l'abominable feuille : une destinée à l'arrière, contenant les échoppages réclamés par la censure — sauf les cas de désobéissance caractérisée, tendant à créer un alibi; l'autre destinée aux armées et ne tenant aucun compte des suppressions de la censure. Les abominables excitations de « Monsieur Badin » pouvaient de cette façon produire tout l'effet auquel elles étaient destinées. En même temps, les colporteurs et distributeurs de ce *Bonnet Rouge* non échoppé glissaient dans l'oreille des acheteurs : « C'est du nanan, mon vieux. Là seulement est la vérité, et puis, tu sais, Almereyda, le directeur, est dans les huiles. Pas de danger qu'il te fourre dedans, quand il te donne un bon conseil. Tu peux l'écouter. » Il y a des témoignages indiscutables que les choses se passaient de cette façon. Les personnes qui liront, dans le livre de Sancerme, *les Serviteurs de l'ennemi*, les passages que la censure tolérait se rendront un compte exact de ce que pouvaient être ceux dont elle exigeait la suppression. Il me serait impossible d'en donner ici la moindre idée : du poison tout pur dosé par une main experte. On affirme que Duval s'est reconnu l'auteur de ces sinistres papiers. J'estime que l'inspiration lui venait souvent de l'officine de la *Gazette des Ardennes*. On y sent le souffle empesté du renégat, qui a la haine recuite de la France.

Par ce tableau d'ensemble, où je laisse exprès des détails importants dans l'ombre, on se rend compte que l'assaut au moral français du printemps de 1917 avait été bel et bien combiné sur tous les plans où il pouvait aboutir. La main allemande, lourde et méthodique, s'y retrouve à chaque touche. L'ennemi avait fait marcher toutes les influences dont il disposait encore à l'intérieur de notre pays. On sait que quiconque s'est donné une fois au Méphistophélès allemand lui appartient désormais tout entier et n'a plus la faculté de refuser son concours. Il y a des circonstances où le grand espionnage allemand a livré l'homme ou la femme qui s'étaient permis de désobéir, qui avaient tenté de secouer le joug, qui avaient tiré des carottes ou saboté à dessein leur besogne. Je ne serais pas éloigné de croire que tel fut précisément le cas de Bolo, perdu deux fois : et par l'intervention dans la guerre de l'Amérique, primitivement neutre, où il opérait ; et par sa propre jactance, quand il se vantait d'avoir roulé ses employeurs.

CHAPITRE X

COMMENT TOUT FUT DÉCOUVERT

Connaissant la trame ennemie, ses agents les plus actifs et observant ses progrès depuis de longs mois, je me demandais, avec une angoisse mêlée de curiosité, comment cela finirait. Il n'y avait que deux solutions : ou le progrès continu du défaitisme et de la corruption aurait raison du moral français, ou une réaction vigoureuse serait déclenchée par un événement qu'il était difficile de conjecturer. J'optais pour la seconde issue, parce que j'ai une foi invicible dans les destinées de mon pays; mais je me demandais sans cesse quel voile était jeté sur les yeux de nos gouvernants : « Il suffirait, me disais-je, d'ouvrir les paupières, de lire, d'écouter les conversations, de regarder ce qui se passe. » L'atmosphère légère et animée, qui avait suivi la victoire de la Marne et ses espérances légitimes, avait fait place à une atmosphère pesante et débilitante. Les propos que l'on entendait aux terrasses des cafés, dans le métro, dans les rues, n'étaient plus les mêmes. Le « Nous les aurons » avait cédé la place à l'exclamation morne : « Cette guerre ne pourra jamais finir! » Une littérature spéciale s'était fondée, avec mission de dénoncer à la risée publique — combien amère, cette risée! — les « bourreurs de crâne », c'est-à-dire ceux qui continuaient à annoncer la victoire finale et à encourager, chacun à sa façon, le public. Que des excès d'optimisme aient été commis aux débuts des hostilités, je n'en disconviens certes pas. Faute vénielle, par rapport à la faute contraire. Dans ce heurt de plusieurs peuples armés jusqu'aux dents, dans ses phases changeantes, dans ses alternatives, il y a place pour toutes les erreurs et pour un grand nombre de bévues. Les broyeurs de noir se sont mis dedans comme les broyeurs de rose, avec cette aggravation qu'ils ne tenaient pas compte des chances de succès.

Je me rappelle notamment des conversations de gens très compétents, au moment de l'offensive allemande contre Verdun. La plupart considéraient la chute de la place comme difficilement évitable, alors que les soldats, moins renseignés, mais guidés par un sûr instinct, scandaient leur immortel : « Passeront pas! » On put se rendre compte là, une fois de plus, que la confiance dans le succès est une forte partie du succès. Du moment que les pékins ne forcent pas la note, en s'attribuant des mérites imaginaires, quel mal y a-t-il à ce qu'ils fassent bonne contenance? Puisque celui qui décourage n'en sait pas plus que celui qui encourage, je préfère de beaucoup le second au premier.

Donc, le travail de l'espionnage boche et de ses auxiliaires masqués continuait au mois de juin 1917, quand tout à coup, vers le 20 de ce mois, si mes souvenirs sont exacts, le bruit courut que l'administrateur du *Bonnet Rouge*, Duval, s'était fait pincer à la frontière suisse avec un chèque de provenance allemande. On déclarait le fait tout récent. Il datait, en réalité, du 14 mai 1917. J'ai cru jusqu'en mars 1918 que c'était le capitaine Ladoux, du deuxième bureau des renseignements, qui avait pratiqué cette saisie et je savais gré à ce fonctionnaire, par ailleurs peu considéré, du service éminent, inestimable, qu'il avait rendu au pays. Je n'ai appris que vers ce moment-là, par une rencontre du capitaine Bessières, que c'était lui qui, en réalité, avait envoyé au service compétent à Paris le fameux chèque à lui remis par un de ses subalternes du contrôle de la frontière. Pendant de longs mois Ladoux avait accepté la gloire d'un haut fait qui n'était pas le sien, et le capitaine Bessières, soit modestie, soit curiosité psychologique, avait gardé le silence. Ce changement dans la personne a été pour toute la presse une révélation, d'autant plus significative qu'elle tombait au moment où le capitaine Ladoux était lui-même sur la sellette.

Depuis quelques semaines, je remarquais dans le ton de la feuille allemande à notre égard une sorte de gêne. Cependant elle avait gagné le procès engagé contre nous, elle aurait dû chanter victoire et redoubler ses attaques. Il n'en était rien. Ces messieurs avaient évidemment un gravier dans leurs chaussures. Aussitôt prévenu je me mis en quête et j'appris que le chèque de 150000 francs de la Banque fédérale suisse, tiré sur la Banque suisse et française, avait été saisi le 14 mai à Bellegarde. Comment avait-on su que cette somme était de provenance allemande? Comment cette affaire traînait-elle depuis si longtemps? Il est aujourd'hui avéré que le Président du Conseil, Ribot, n'apprit la saisie du chèque que le 17 juin, au cours d'une conversation avec le Préfet de Police Hudelo. Il devait saisir le ministre de la Guerre et le garde des sceaux Viviani le 28 juin. L'instruction, qui demeurera célèbre dans les annales judiciaires, fut ouverte le 2 juillet. L'inculpation n'était encore que de commerce avec l'ennemi. Entre temps, M. Ribot avait connu ce fait caractéristique que le chèque avait été rendu à Duval, à la suite d'une démarche de Landau, conseillée par Leymarie, chef du cabinet de Malvy, auprès du deuxième bureau.

Désormais la trame était pour moi très claire : Pincé en flagrant délit, non de commerce, mais d'intelligence avec l'ennemi, Duval avait dû invoquer son alibi de la liquidation des *Bains de mer de San Stefano*, puis faire comprendre à Almereyda la gravité de leur situation à tous, si le scandale s'ébruitait. C'était vraisemblablement afin qu'il ne s'ébruitât pas que Landau, considéré comme moins « voyant », avait été choisi pour la démarche de restitution. Si l'événement déroulait ses conséquences — et il semblait impossible qu'il ne les déroulât pas — nous devions assister à une suite d'épisodes peu banaux. Ma première pensée alla à Malvy, ma seconde à Caillaux, ma troisième au président du Bousquet de Florian, qui nous avait condamnés, Maurras et moi, comme diffamateurs d'Almereyda. Je me rappelais et je rappelai à mon entourage le mot que m'avait dit quelqu'un de très renseigné sur le rôle et l'importance du directeur du *Bonnet Rouge* : « Si jamais ce gaillard est pris, il disparaîtra mystérieusement. »

Le 7 juillet, à la Chambre, Maurice Barrès, pris à partie par un parlementaire au cours d'un discours de Malvy, lança au ministre son apostrophe à jamais illustre sur « la canaille du *Bonnet Rouge* ». Sous le coup, le ministre inamovible de l'Intérieur chancela. Il n'était pas au bout de ses peines. C'est le 22 juillet suivant, au Sénat, que Clemenceau prononça le réquisitoire encore incomplet, mais foudroyant, où figure la phrase tant citée : « Je vous reproche, monsieur Malvy, de trahir l'intérêt du pays. » Il faut lire et relire ces pages d'une éloquence ardente et contenue, parues chez Payot, en une petite brochure orange, aux éditions de *l'Homme Libre*, alors *l'Homme Enchaîné*. Psychologiquement, Clemenceau, qui a connu les malheurs de 70, a senti profondément les dures réalités, bien plus sanglantes, de la guerre de 1914. Il a éprouvé, par toutes ses fibres, la grand'pitié du combattant qui peine et se sacrifie tout entier, alors qu'à l'arrière des bandits comme Almereyda, Duval et leurs protecteurs lui flanquent des coups de poignard dans le dos. C'est ce sentiment sans affectation qui fait la hautaine beauté de ce discours, le meilleur de sa carrière, « non point tant délicat et peigné comme véhément et brusque ». Le vieux républicain était loin de connaître, à ce moment-là, le rôle entier de Malvy et d'Almereyda, mais un sûr instinct lui en attestait l'importance et il mit le doigt sur la plaie purulente, avec une hardiesse de grand chirurgien. C'était la première fois que de tels faits, concernant l'antipatriotisme et ses ravages, étaient groupés et présentés au public français comme au public politique. L'impression fut tragique, le retentissement immense. Almereyda, qui se doutait qu'il allait être mis en cause, rôdait aux alentours du Sénat, peu crâneur cette fois. Ses camarades étaient atterrés. Chacun d'eux prévit les conséquences et ne pensa plus qu'à tirer son épingle du jeu. La « chaîne » apparut dans sa hideur. Le mot est du bandit lui-même. Il écrivit le 11 juillet, dans un des derniers numéros de cette feuille infâme : « Quand *l'Action Française* et d'autres torchons « de sacristie me traînent dans la boue, ce « n'est pas moi qui, en réalité, suis visé, c'est « Caillaux. Quand Hervé vilipende M. Dubarry « et *le Pays*, ce n'est pas à Dubarry qu'on « en veut, c'est à Caillaux. Je ne pense pas « trop m'avancer en disant que ce qui est vrai « pour moi, relativement à Caillaux, est vrai « pour ce malheureux Duval relativement à « moi. Mon malheureux ami n'est que le der- « nier maillon d'une chaîne avec laquelle les « ennemis et les profiteurs du régime espèrent « étrangler les empêcheurs de danser en rond. « Je déclare tout de suite que ça n'ira pas tout « seul. »

Le mot « étrangler » était plus exact que ne le pensait le misérable. Le 6 août — Malvy étant en congé à Veules-les-Roses ; Leymarie ayant été nommé directeur de la Sûreté générale, pour veiller au grain — on perquisitionnait chez Almereyda, à sa villa de Saint-Cloud, la police trouvait les documents d'Orient remis par Charles Paix-Séailles, directeur du *Courrier*

Européen, à son ancien secrétaire de rédaction, bien en évidence dans son coffre-fort. Au *Bonnet Rouge*, on aperçut une liasse de lettres de Caillaux que la police respecta sur le moment et qui ne furent saisies que plus tard, lors d'une seconde perquisition.

Arrêté le soir même, Almereyda fut d'abord incarcéré à la Santé. Comme il était morphinomane, il souffrait du sevrage brusque de sa drogue; le docteur Socquet prescrivit son transfert à la prison de Fresnes, où il fut placé à l'infirmerie. Le 11, il demandait par lettre à son défenseur, Mᵉ Paul Morel, de venir recevoir sa déclaration. Entre temps son état s'aggrava, subitement et mystérieusement. Le 14 au matin, il était mort. Le médecin de la prison, le docteur Hayem, attribua ce décès à l'intoxication. Mais trois médecins légistes, aussitôt commis, MM. Socquet, Vibert et Dervieux, examinant le corps, découvrirent au cou un sillon bleuté, correspondant à la marque d'un lacet de soulier. Crime ou suicide? Le rapport médical conclut au suicide, avec réserve d'un des experts, admettant la possibilité du crime. Malgré les recherches et l'insistance de Mᵉ Paul Morel et de Mᵐᵉ Almereyda, une nouvelle instruction sur les causes de cette mort mystérieuse, menée par le juge d'instruction Drioux, ne donna pas de nouveaux résultats. Officiellement Almereyda dut donc être tenu pour suicidé. Personnellement, je continue à pencher vers le crime et je me réfère à l'axiome latin : *Is fecit cui prodest*. En bon français : *le coupable, c'est le bénéficiaire*. Il ne reste plus qu'à chercher le ou les bénéficiaires. Ils doivent se trouver parmi ceux qui avaient tout à redouter des suprêmes aveux du bandit.

La démission de Leymarie comme directeur de la Sûreté générale est du 24 août. Celle de Malvy comme ministre de l'Intérieur du 31 août. Depuis plusieurs jours, je demandais aux deux Commissions de l'armée réunies de la Chambre et au Sénat, de vouloir bien m'entendre contradictoirement avec Malvy. C'était le temps de mes courtes vacances. Je les passais en Touraine, puis en Bretagne. Chaque jour j'adressais à *l'Action française*, par téléphone, un filet sur le grand drame qui, je le pressentais, devait prendre encore plus d'ampleur. Mais la censure impitoyable me coupait les trois quarts de mes réflexions. Les faits se sont chargés de remplir ces blancs.

Enfin, il n'était pas douteux, pour quiconque

connaissait l'histoire du *Bonnet Rouge* comme je la connaissais, d'abord que l'affaire de *commerce avec l'ennemi* allait promptement tourner à l'*intelligence* avec l'ennemi, à la trahison sans plus; ensuite que la chaîne ou farandole d'Almereyda était destinée à entraîner tous les complices et tous les comparses, si haut placés qu'ils fussent. La personnalité énergique et clairvoyante du capitaine rapporteur Bouchardon — comparable au La Reynie de l'affaire des Poisons sous Louis XIV — était une garantie du sérieux avec lequel cette vaste instruction serait menée et produirait toutes ses répercussions. Ceux qui, comme moi, voient nettement la main de la Providence dans les affaires humaines, remarqueront que l'homme nécessaire à une opération voulue là-haut apparaît toujours à point nommé. Joffre s'est trouvé là — et un peu là! — pour la victoire de la Marne. Le capitaine Bouchardon s'est trouvé là pour l'affaire dite « du chèque Duval », qualification ridiculement exiguë, eu égard à l'importance des inculpations et de leurs ramifications.

Je prie ici les lecteurs de ce livre de croire que je n'exagère rien. Il était aussi précieux pour les Allemands d'avoir la bande complète

— je dis *complète* — du *Bonnet Rouge*, comme moyen d'action à Paris, que d'avoir, avant la guerre, grâce à leurs espions, un bon jalonnement de la route de l'Oise et des carrières du Soissonnais. Les autres affaires de trahison et de complicité ne sont que des dépendances de celle-là. Elle les englobe et les explique toutes. Almereyda n'avait rien d'un journaliste, mais il avait tout d'un homme de main, et son talent de maître-chanteur bien posté faisait de lui une source de renseignements inestimable. C'est ce qui explique l'importance des sommes que lui versèrent, ainsi qu'à ses collaborateurs, les Allemands. Comme on dit vulgairement, ils trouvaient dans ce groupe à boire et à manger. Je ne force en rien la réalité si j'affirme que l'activité de ce groupe criminel au complet a prolongé la guerre de plus d'un an et coûté à la France des dizaines de milliers de vies humaines en surcroît. Des criminels, opérant au cœur même d'une nation en guerre, dans ses œuvres vives, sont infiniment plus pernicieux que s'ils opéraient à la périphérie.

Toutes les autres affaires dites de trahison ou de divulgation de documents intéressant la Défense nationale, qu'instruisit ensuite la justice militaire, ont découlé de celle du

Bonnet Rouge. Il était fatal qu'il en fût ainsi. Je crois que c'est le perspicace lieutenant Mornet, collaborateur de Bouchardon, qui a dit que ces affaires n'étaient que les divers chapitres d'un même criminel ouvrage. C'est parfaitement exact. Chaque jour apparaît un lien nouveau entre les personnages divers qui se tenaient tous par la main, formant la chaîne d'Almereyda. Comment s'étaient-ils retrouvés, groupés, associés? D'après quel mot d'ordre, à quelle instigation, à quel moment précis? Ces associations scélérates conservent toujours une part de mystère, comme si l'ombre des bas-fonds de l'être humain les voilait. Pantins manœuvrés par l'ennemi, ils ont réellement servi ses desseins dans une mesure difficile à préciser, mais que j'estime considérable.

Chose remarquable, il y avait là des hommes jeunes, souffreteux ou vigoureux, en tout cas fort capables d'un service auxiliaire, à défaut d'un service actif. Alors que tant de loyaux garçons, qui auraient pu être utiles à leur pays de bien des façons, étaient uniformément mobilisés comme scribes dans de vagues bureaux, où leur activité se perdait, s'enlisait, les gens de la bande d'Almereyda et Almereyda lui-même demeurèrent indemnes de toute corvée de la guerre. Ils furent laissés à leur besogne, qu'on connaît maintenant. On entrevoit là des complicités, soit directes, en connaissance de cause, soit indirectes, par aveuglement, et, au premier rang parmi celles-là, l'infâme silhouette du docteur Lombard, préposé aux réformes frauduleuses.

Ici je veux montrer l'inanité du reproche, qui m'a été fait par quelques bons apôtres, d'avoir risqué d'altérer le moral des combattants, en leur révélant qu'ils étaient trahis. Fallait-il donc laisser trahir et permettre à quelques êtres innommables de détruire à mesure les prodigieux efforts de nos armées? Or, non seulement le moral n'a pas été altéré par la série de mes révélations, par le grand discours de Clemenceau et par les événements qui ont suivi, mais encore, de tous les points de l'horizon, me sont parvenues des milliers et des milliers de lettres — parmi lesquelles les plus touchantes et les plus vigoureuses émanaient du front — qui m'encourageaient dans ma rude besogne et me demandaient de la continuer. Je l'ai continuée, je puis le dire, sans une minute de défaillance, au milieu d'un dégoût que ne surmontait pas toujours l'indignation. Plusieurs fois, devant des stupres incroyables, devant telle page d'une prose empoisonnée, dont l'intention atroce était visible, que de fois la plume vengeresse a failli me glisser des mains! On ne voudrait pas croire à de telles horreurs. Je me ressaisissais cependant, avec la certitude qu'il y avait là un devoir majeur, avec la conscience de ne céder à aucun parti pris, d'atténuer souvent les choses, plutôt que je ne les exagérais. Je me représentais les autres là-bas, dans leurs boues glacées de l'Aisne et des Vosges, montant la faction devant le Boche, et je songeais : « Puisque tu n'es plus de la classe, puisque tu n'en fais pas autant qu'eux, tâche au moins, dans ta sphère de journaliste, de rendre à ces héros le petit service que tu peux. » C'est cette conviction qui m'animait. Je n'ai jamais été au front des armées, estimant que, s'il n'est point un dirigeant ou un de la terre envahie, ce n'est pas la place de celui qui ne tient pas un fusil ou une grenade. Mais par l'esprit, grâce à une forme d'imagination qui me suggère vivement la réalité sensible, j'ai passé de longues heures au milieu de ces champs désolés, devant ces corps gisants ou attentifs sous le ciel gris, pendant que la mort plane et tonne au loin. Et puis je me représentais Duval, Marion, Almereyda palpant l'or infâme et les billets souillés de sang, serrant les mains des Boches de Mannheim, de Carthagène et de Saint-Sébastien. Alors, comme disent les poètes grecs, le cœur me bondissait à travers le diaphragme et je reprenais d'un coup mon outil, aiguisé par la colère patriotique.

CONCLUSION

Le lecteur l'a déjà deviné, et d'ailleurs les faits parlent assez haut : avec la guerre de 1914-15-16-17-18 — on affirmait au début qu'elle serait courte — nous sommes devant une forme nouvelle de guerre qui n'a qu'une ressemblance assez vague avec celle de 1870, qui est à celle de 1870 ce que le canon à très longue portée ou le gotha sont aux obusiers de von Moltke. Les caractéristiques de cette lutte sans précédent historique sont les suivantes :

1° Elle exige une préparation antérieure fort longue et des racines allemandes dans les pays que l'Allemagne veut combattre et dominer. Voir *l'Avant-Guerre* ;

2° Elle exige une minutie dans cette préparation et un secret. Rien n'a transpiré, avant le mois d'août 1914, sur l'emploi éventuel des terrasses bétonnées quant à l'artillerie lourde, sur l'organisation, dès le temps de paix, des lignes de retraite conjecturées comme les plus favorables. L'ennemi, ne songeant qu'à nous détruire depuis de longues années, n'avait pas abattu une seule de ses cartes. C'est une des belles réussites de la haine;

3° Elle comporte de fortes, périodiques et systématiques pressions sur le moral de l'adversaire. Ces pressions s'exercent à l'aide de personnages soigneusement choisis et par le moyen du papier imprimé. On les dose suivant les circonstances. D'où l'expression fort juste — elle est, je crois, d'Henry Bérenger — de manœuvre défaitiste;

4° Elle ne néglige aucun terrain : financier, économique, commercial, industriel, intellectuel;

5° Elle a soin de rejoindre perpétuellement les fils de sa trame, de façon à former des chiffres de trahison, de grands cryptogrammes, que le pays combattu découvrira seulement quand il sera trop tard;

6° Elle ne considère jamais sa besogne comme accomplie. Elle est sans trêve en voie de perfectionnement et de développement.

L'Allemand, somme toute, est un animal féroce, qui supplée à l'ingéniosité par l'utilisation et qui s'efforce de penser à tout. Si bien qu'à la fin il s'embrouille dans l'enchevêtrement de ses desseins et s'en tire par une brutalité débordante. Il n'a ni pondération, ni scrupule, ni point d'honneur, ni rien de ce qui fait le charme et le prix de la vie. Tout se borne pour lui à cette visée unique : la domination brutale. Il ignore si bien ses propres défauts qu'il est stupéfait qu'on ne l'aime pas. Tel est notre aimable voisin. Il importe, une fois pour toutes, de le prendre pour ce qu'il est. Quand il parle de science, il pense à *sa* science, très réelle, mais dont le mot est dévastation. Quand il parle de socialdémocratie, il pense à *sa* Sozialdemokratie, instrument de propagande germanique sous le masque nternational. Quand il parle de religion, il pense à *son* vieux bon Dieu à lui, qui tue à coups de torpilles les femmes et les enfants endormis : « Obéis-moi ou je te tue... Détruisez-vous les uns les autres. » Voilà les principales maximes de « Gott mit uns ».

Ainsi formé, équipé et pris dans un régime politique qui lui donne de la consistance, de la continuité et de la force de pénétration, l'animal allemand s'adonne à la ruse. Nous en savons, hélas! quelque chose!

Cette fois il faut que la leçon serve, pendant ce qui reste à courir de la guerre et après la guerre. Je n'ai pas écrit ce livre pour autre chose que pour ouvrir définitivement les yeux de mes concitoyens. J'aurais pu lui donner un grand développement, le surcharger de remarques et de gloses. J'ai préféré m'en tenir à quelques illustrations bien définies, hautes en couleur, des procédés souterrains et sournois, employés contre nous par l'implacable ennemi, Il avait observé chez nous une certaine pègre, aux confins de la finance, du chantage, de la politique et de la prostitution. Il l'a outillée et subventionnée. Il lui a mis en main un journal d'un type singulier. Il a ouvert à cette pègre toutes les voies et toutes les portes. Il a fait d'elle un État dans l'État, un pouvoir capable d'injurier et de menacer de mort les bons citoyens qui le dénonçaient et du même coup dénonçaient l'Allemagne. Eh! quoi, s'écrieront les nigauds, Almereyda eut-il pu devenir, entre leurs mains, le maître du pays? Calmez-vous, messieurs, la Russie est bien tombée, par le même procédé, au pouvoir d'un Lénine et d'un Trotsky. A la faveur du grand ébranlement nerveux que détermine une guerre fatigante et prolongée, les entreprises en apparence les plus folles, soutenues par l'or et le goût du crime, deviennent possibles. Il ne faut hausser les épaules devant aucune tentative allemande. Démontez plutôt avec précaution la machine infernale, afin de voir ce qu'il y avait dedans.

Au cours de cette étude, j'ai fait allusion plusieurs fois à la *Gazette des Ardennes*, journal allemand de langue française, paraissant à Charleville pendant l'occupation. Elle est en effet extrêmement significative, comme modèle de ce que comptaient réaliser les Allemands à la fois dans les pays envahis et dans les pays à envahir. Le ton ici est patelin et cauteleux, parce que la feuille s'adresse à des bourgeois, et non plus au monde du prolétariat ou à ce que le ministre Malvy croit être le monde du prolétariat. En réalité, *le Bonnet Rouge* recrutait surtout sa clientèle parmi les métèques, les souteneurs, certains salonnards fiers de s'encanailler et les philoboches de la finance. Néanmoins on le criait et on le vendait à la porte des usines, aux portes de Paris à l'heure du retour en banlieue. C'est pour cette raison qu'il était journal du soir. Il avait une clientèle ignoble, mais réelle. Ses tapageuses affiches recouvraient les murs. Ses rédacteurs (Almereyda et Landau roulant sur l'or à part) étaient fort bien payés. Germania avait fait les choses largement et elle pouvait constater chaque jour qu'on lui en donnait pour son argent.

On peut se demander ce que serait devenu, avec le temps, *le Journal,* entre les mains de Desouches et de Bolo, réconciliés et réunis. Un organe d'informations tendancieuses, vraisemblablement. Ici, vu l'immensité du public, le bureau allemand occulte, qui fournit les thèmes de trahison, aurait procédé avec plus de doigté. Il aurait conservé, à la feuille à grand tirage choisie, un certain vernis patriotique, interrompu ici et là de bochismes caractérisés. Plusieurs combinaisons apparaissent comme possibles : il y a celle du chauvinisme claironnant qui, un beau matin, à un tournant critique, déclare qu'il n'y a décidément rien à faire et que les sacrifices sont inutiles. Il y a celle du souriant scepticisme, qui coupe un à un tous les bourgeons de l'espérance et qui forge, sous les espèces de l'ironie, une réalité de navrement. L'habitude de triturer les agences et de truquer les nouvelles, discrètes ou tapageuses, a donné à l'ennemi une certaine dextérité dans ce genre. Néanmoins sa marque de fabrique se reconnaît assez facilement.

Il nous aurait fallu, dès le début de la guerre, un bureau de la presse autrement constitué que celui que nous possédions et dont je n'entends point diminuer les services ni les mérites. Ce bureau, en relations avec celui des renseignements militaires et civils; aurait eu comme mission de surveiller, dans les feuilles quotidiennes ou périodiques, les infiltrations et les suggestions allemandes. Il eût été moins passif et plus entreprenant. Ainsi aurait été dénoncé rapidement le rôle d'un Guilbeaux ou d'un Routier. Ainsi aurait été établi un barrage contre le défaitisme imprimé, si redoutable à mesure que la guerre se prolongeait. C'est une erreur assez répandue, notamment chez les républicains, de considérer la liberté de la presse comme l'arche sainte, même en temps de guerre, et de ne pas peser les conséquences d'un article déprimant ou mensonger, à telle heure critique. Le talent spécial d'un Duval n'est pas nécessaire. Un scribe bien stylé peut ruiner, en une colonne de papier, le travail de plusieurs mois, avertir discrètement, sans en avoir l'air, l'adversaire de ce qui se prépare contre lui, brûler une bonne piste. Les braves gens ont une répugnance singulière à voir le mal là où il est. Une certaine inertie, naturelle à l'homme de bien timide, lui fait préférer le « pas tant que ça ». — Mais ce type-là est un coquin. Vous voyez bien à quoi tend son papier. — « Pas tant que ça. » — Mais il fait le jeu des Boches, c'est évident. — « Pas tant que ça. » Un proverbe dit qu'avec les « si » on mettrait Paris en carafe. Avec les « pas tant que ça », on laisse opérer les incendiaires et les assassins.

Car l'assassinat du moral existe. Il coopère, je le répète une dernière fois, aux opérations militaires. Almereyda, Guilbeaux, Routier viennent puissamment en aide à Hindenburg et à Ludendorff. Ils ont leur petite table au grand État-Major. Devant le champ couvert des cadavres de leurs concitoyens, ils peuvent dire, sans fausse modestie : « J'en étais. »

J'ai contrebattu cette offensive nouvelle, dans *l'Action Française*, tant que j'ai pu. Mais l'État français, pendant trois ans de guerre, m'a laissé la combattre presque seul. Il eût dû, avec ma coopération, réaliser le nettoyage de l'arrière en six mois. Ce n'est qu'en juillet 1917 que nous sommes entrés dans la guerre totale. Il importe maintenant de mettre les bouchées doubles et de développer le succès.

27 mars 1918.

FIN

TABLE DES MATIÈRES

	Pages
Chapitre premier. — Ce qu'il faut entendre par guerre totale	7
Chapitre II. — Qu'est-ce qu'un emboché?	20
Chapitre III. — La Dissociation intérieure	38
Chapitre IV. — Deux tendances contraires	58
Chapitre V. — Ce qu'était « le Bonnet Rouge ». Almereyda et ses compagnons	81
Chapitre VI. — « Le Bonnet Rouge » et l'or allemand	114
Chapitre VII. — Ce qui menaçait le pays	143
Chapitre VIII. — Ce qui menaçait le pays (*suite*)	170
Chapitre IX. — L'assaut au moral français	199
Chapitre X. — Comment tout fut découvert	227
Conclusion	243

ACHEVÉ D'IMPRIMER

LE 30 AVRIL 1918

POUR LA

NOUVELLE LIBRAIRIE NATIONALE

PAR

PHILIPPE RENOUARD

19, rue des Saints-Pères

PARIS

RÉCENTES PUBLICATIONS

DE LA

NOUVELLE LIBRAIRIE NATIONALE

11, Rue de Médicis, PARIS (VIe)

GUIDE PSYCHOLOGIQUE
DU FRANÇAIS A L'ÉTRANGER

A L'USAGE

DES INDUSTRIELS, DES VOYAGEURS DE COMMERCE, DES TOURISTES ET DES GENS DE LETTRES

par

MARIUS ANDRÉ

Il vient de paraître un livre excellent ; la chose est assez rare pour qu'on la signale.

(Le Réveil économique).

Il faut souhaiter que [ce] livre soit médité par tous ceux qui s'intéressent à l'expansion de notre commerce, et que les doctrines qu'il préconise soient appliquées sans retard à l'étude des clientèles étrangères dont dépendra en grande partie, après la guerre, notre relèvement économique.

JACQUES MORLAND *(L'Opinion).*

Un vol. de la *Bibliothèque des Hautes Etudes Nationales* (3e mille)
Prix majoré .... **4 fr. 55**

FIGURES D'AUTREFOIS

Pèlerins de Venise. — Humanistes dévots. — Jean de Lafontaine. — Un financier sous la monarchie. — Le frère de Diderot. — Adélaïde Dufrénoy. — Les tribulations de M. de Murville. — Némorin qui chante la Carmagnole. — Un Conventionnel en mission. — La comtesse d'Albany. — Trois amis de Mme de Staël. — Les costumes de M. de Chateaubriand.

par

ANDRÉ BEAUNIER

M. André Beaunier excelle à faire revivre un personnage, à le placer dans son milieu, par le fond, le détail et l'ensemble.

ANT. ALBALAT *(Revue bleue).*

Ces études maintiennent la tradition la meilleure de la critique de Sainte-Beuve et de Jules Lemaître.

(Revue catholique des Institutions et du droit).

Un vol. in-16 de 368 pages (2e mille). — *Prix majoré* .... **4 fr. 55**

Tous les ouvrages portés dans le présent extrait de catalogue sont envoyé franco contre mandat, au prix marqué pour chacun. — *Les prix indiqués comprennent les majorations décidées par le Syndicat des Editeurs, le 27 juin 1917 et le 11 février 1918. Ces majorations sont de 30 % sur les ouvrages de 3 fr. 50 et de 20 % sur les volumes d'autres prix.*

Mars 1918. P. 9

LA GUERRE TOTALE

par

LÉON DAUDET

Avec un tableau de l'organisation du défaitisme en France que seul Léon Daudet pouvait dresser, ce grand ouvrage donne les conceptions de l'auteur sur la nécessité de mener la guerre dans tous les domaines.

Un vol. in-16 de 320 pages. — *Prix majoré*.................... 4 fr. 55

DESCARTES

par

LOUIS DIMIER

Cet ouvrage rassemble la biographie et l'analyse que les rares ouvrages écrits sur ce sujet ont maintenues jusqu'ici séparées. Tout le système du philosophe s'y trouve, en même temps que toute son existence.

Un vol. in-16 de 320 pages (3e mille). — *Prix majoré*........ 4 fr. 55

L'AVENIR DE LA RACE

LE PROBLÈME DU PEUPLEMENT EN FRANCE

par

A.-L. GALÉOT

Cette étude critique ne se contente pas d'étaler des statistiques comparées.... Elle entre avant dans le mal pour le guérir.

(*La Croix*).

Un vol. in-16 de la *Bibliothèque des Hautes Etudes Nationales* (2e mille). — *Prix majoré* .... 4 fr 55

LE CHEVAL DE TROIE

RÉFLEXIONS SUR LA PHILOSOPHIE ET LA CONDUITE DE LA GUERRE

par

GEORGES VALOIS

M. Georges Valois est un esprit vigoureux... animé d'un haut sens civique et d'un sincère désir de servir l'intérêt public.

(Journal des Débats).

Livre courageux, rude et d'une grande portée

(La Vieille-France).

Voici un livre de toute beauté et de toute utilité ; un livre plein et dru, écrit par un combattant philosophe, par un de Verdun, un livre où retentit le fracas des armes, mais qui descend dans les profondeurs de la guerre, afin d'en tirer la leçon immédiate et prochaine.

LÉON DAUDET *(L'Action française).*

Un vol. in-16 de 320 pages (6° mille). — *Prix majoré* ...... 4 fr. 55

L'OFFICIER ET LE SOLDAT FRANÇAIS

par

le CAPITAINE Z***

Livre remarquable de vigueur, de relief et de netteté... livre d'observation directe que vivifie l'intelligence et qui veut ne nous montrer que des images vraies.

(Le Correspondant)

Un vol. in-16 de 288 pages (4° mille). — *Prix majoré* .... 4 fr. 55

L'AVENIR DU SOLDAT FRANÇAIS

par

HENRI DAVOUST

Parlant au nom des combattants, M. Davoust expose dans cet important petit livre, ce que les soldats attendent de la France comme compensation à leur long sacrifice et aux pertes qu'ils ont subies.

Un vol. in-16 de 160 pages. — *Prix majoré*................. 2 fr 40

NOUVELLES ÉDITIONS

BISMARCK ET LA FRANCE

D'APRÈS LES MÉMOIRES DU PRINCE DE HOHENLOHE

par

JACQUES BAINVILLE

Un vol. in-16 de 320 pages (3e mille). — *Prix majoré* .... 4 fr. 55

BOSSUET

Ouvrage honoré d'une lettre de Mgr. l'Évêque d'Arras

par

LOUIS DIMIER

Un vol. in-16 de 320 pages (3e mille). — *Prix majoré* .... 4 fr. 55

LES MAITRES DE LA CONTRE-RÉVOLUTION

AU DIX-NEUVIÈME SIÈCLE

MAISTRE. — BONALD. — RIVAROL. — BALZAC
COURIER. — SAINTE-BEUVE. — TAINE. — RENAN
FUSTEL DE COULANGES. — LE PLAY
PROUDHON. — LES GONCOURT. — VEUILLOT

par

LOUIS DIMIER

Un vol. in-16 de 364 pages (3e mille). — *Prix majoré* .... 4 fr. 55

LES PRÉJUGÉS ENNEMIS

DE L'HISTOIRE DE FRANCE

par

LOUIS DIMIER

Un vol. in-8e carré de 472 pages (4e mille). — *Prix majoré* .. 8 fr. 40

L'AVENIR DE L'INTELLIGENCE

suivi de

AUGUSTE COMTE. — LE ROMANTISME FÉMININ
MADEMOISELLE MONK

par

CHARLES MAURRAS

Un vol. in-16 de 320 pages (6e mille). — *Prix majoré* .... 4 fr. 55

EXEMPLAIRES DE BIBLIOPHILE

Il a été tiré des exemplaires de bibliophile sur Vergé d'Arches ou pur fil Lafuma, numérotés à la presse, des ouvrages suivants, mentionnés dans le présent fascicule :

MARIUS ANDRÉ. — **Guide psychologique du Français à l'étranger** .... L'exemplaire 12 fr. 50
ANDRÉ BEAUNIER. — **Figures d'autrefois**... L'ex. 12 fr. 50
LOUIS DIMIER. — **Descartes**.......... L'exempl. 12 fr. 50
A. L. GALÉOT. — **L'avenir de la race**....... L'ex. 12 fr. 50
CHARLES MAURRAS. — **Le pape, la guerre et la paix** .... L'exemplaire 12 fr. 50
CHARLES MAURRAS. — **La part du combattant.** L'exemplaire 5 fr.
GEORGE SANTAYANA. — **L'erreur de la philosophie allemande** .... L'exemplaire 12 fr. 50
GEORGES VALOIS. — **Le Cheval de Troie**.... L'ex. 15 fr.
CAPITAINE Z***. — **L'Officier et le soldat français.** L'exemplaire 12 fr. 50

Il est tiré de **La Guerre totale**, *cent exemplaires de bibliophile, sur Vergé Lafuma, réimposé in-16 soleil (16 × 23) numérotés à la presse*.............. L'exemplaire 20 fr.

BULLETIN DE COMMANDE

M ....

Libraire à ....

ou *Monsieur le Directeur de la*

Nouvelle Librairie Nationale,

11, *Rue de Médicis, Paris (VIe)*

Veuillez m'envoyer, par poste :

....	ANDRÉ. — Guide	4 fr. 55	....	....
....	BEAUNIER. — Figures	4 fr. 55	....	....
....	DIMIER. — Descartes	4 fr. 55	....	....
....	GALÉOT. — Avenir de la race.	4 fr. 55	....	....
....	MAURRAS. — Part du combattant	1 fr. 80	....	....
....	MAURRAS. — Pape	4 fr. 55	....	....
....	Mis DE ROUX. — Défaitisme..	1 fr. 80	....	....
....	SANTAYANA. — Erreur.......	4 fr. 55	....	....
....	VALOIS. — Cheval de Troie..	4 fr. 55	....	....
....	CAPITAINE Z. — Officier.....	4 fr. 55	....	....
	Ci-joint mandat postal de......		....	....

Signature et adresse { ....

[illegible]EU, IMP.

www.ingramcontent.com/pod-product-compliance
Ingram Content Group UK Ltd.
Pitfield, Milton Keynes, MK11 3LW, UK
UKHW020132220726
13923UKWH00001B/126